ゴーマニズム宣言 SPECIAL

日本人論

まえがき

「人権」vs「文化」なら、わしは「文化」を取る人間である。
「人権」というイデオロギーには、グローバル・スタンダード＝世界標準などない。各国特有の歴史に醸成された「文化」の地層から、各国特有の「人権観念」が生み出されるものである。アメリカの人権と、アジアの人権と、ヨーロッパの人権と、中東の人権が違うのは当然の事実である。

『日本人論』というタイトルに惹かれてこの本を手にした人は、もっと民俗学的な論考を期待したかもしれないが、それは2巻、3巻で語られることになろう。
本書はいわゆる「ジャニーズ問題」を突破口にして、日本人の「芸能」と「性意識」についての考察に主眼を置いたうえで、日本特有の文化について、メディアの乱痴気騒ぎとは別の視点で改めて問い直そうという試みである。

令和5年（2023）、イギリス・BBCの報道を契機に、たとえ功罪両面があろうとも、戦後の一大芸能文化を築いた事実は否定できない故・ジャニー喜多川という人物について、その「痕跡を消し去る」ことまでを目指す運動が展開された。

こういう運動を「キャンセル・カルチャー」というが、これはもともと「人権」を盾にしてアメリカの左翼が始めた運動の一つにすぎず、そんなものを日本に直輸入して騒ぐこと自体、本来の日本人の感覚からすれば異常なことなのだ。

日本には日本の歴史の中から自然に、必然的に現れてきた人権意識がある。それは当然、キリスト教をベースとする西洋の人権意識とは異なるものなのだが、それを理解していない者があまりにも多い。本来、日本人の性意識には多様性があり、ＬＧＢＴだって許容できる素地があるのだ。

日本の「保守派」がＬＧＢＴに拒否感を示すのはそもそも間違っているし、「リベラル派」がキャンセル・カルチャーで日本人の「芸能・性意識」を攻撃しているのも、ある意味異様な光景と言えよう。

哀れなことに、アメリカ左翼のキャンセル・カルチャーを持ち込もうとする者たちは、人権意識についても西洋・キリスト教の感覚こそがグローバル・スタンダードだと妄信して、日本に直輸入してくる。

そうなれば必ず本来の日本人の歴史に醸成された感覚との齟齬《そご》が生じ、果てしない混乱を招いていくだけだ。事実、ジャニー喜多川の次はダウンタウンの松本人志がキャンセルの標的にされ、さらにその次には誰がキャンセルされるのか知らないが、収拾のつかない事態となっている。

今、この時代に『日本人論』を語るには、まずはその取っ掛かりとしてキャンセル・カルチャーの問題を扱わなければならない。日本の歴史を踏まえた人権意識が、西洋の人権意識によって破壊されてしまう危機に瀕しているというのに、当の日本人が、誰もそれを自覚すらしていないのだから。

日本固有の人権意識を育んだ日本の歴史とはどういうものだったのか、それは性に対してどれだけ大らかだったのかということを、取り急ぎ最初に描いておく必要があったのである。

この先第2弾を描くことになれば、さらに別のテーマに踏み込むことにもなるだろう。

小林よしのり

ゴーマニズム宣言SPECIAL

日本人論

目次

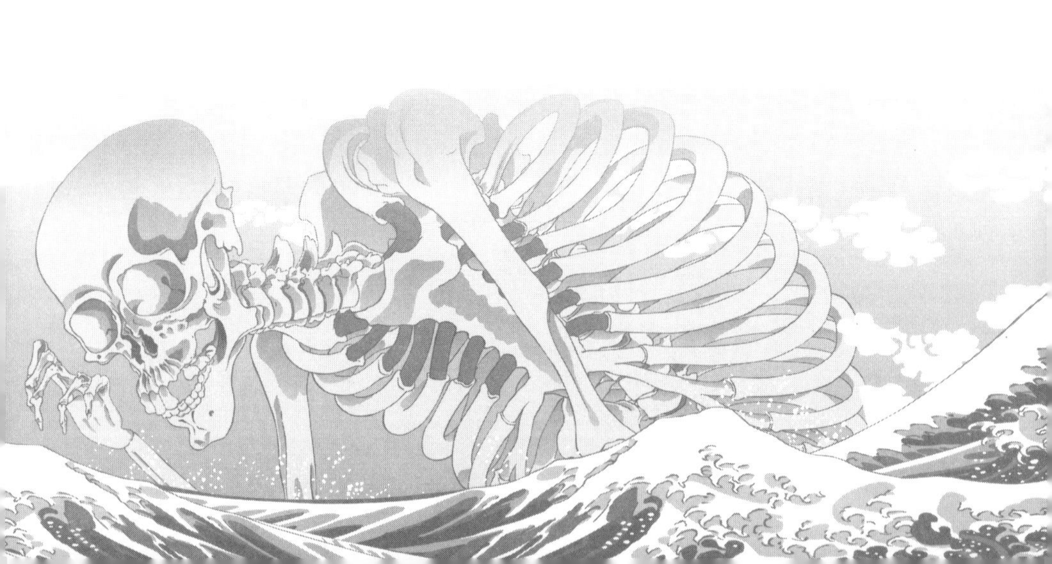

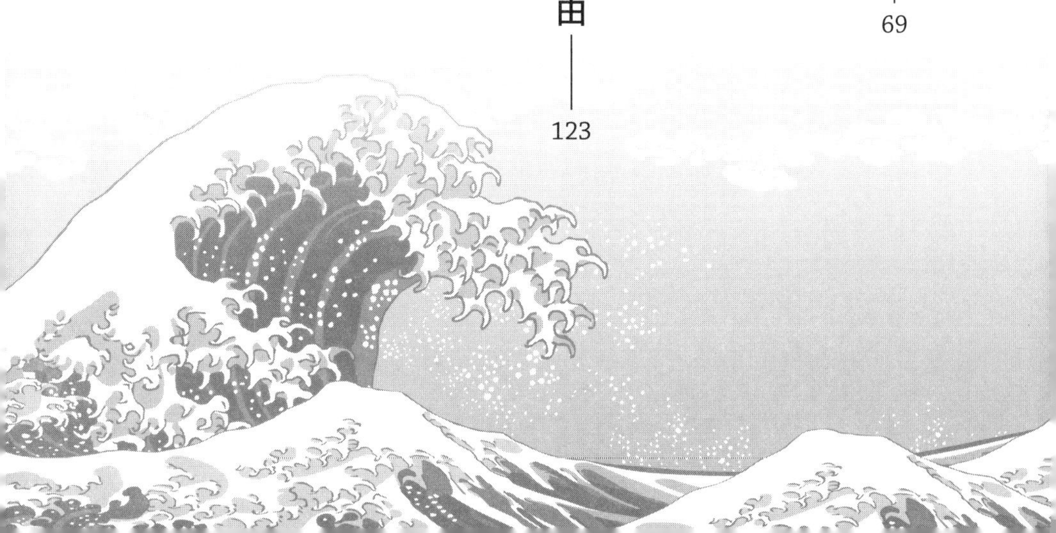

ブックデザイン
小田光美［Office Maple］

カバーコラージュ製作
八尋研吾

画像製作
KIMASA　AQ-taro Images　flappylax　写楽勝　freehand
FUTO　まるまる　momo　kawano　yamaboshi　zoochan　BOY
wdw　shimanto　ぼんのう寺　でじたるらぶ　ウンボボ／PIXTA

構成
岸端みな［よしりん企画］

作画
広井英雄・岡田征司・宇都聡一・時浦 兼［よしりん企画］

編集
山﨑 元［扶桑社］

ゴーマニズム宣言
SPECIAL
日本人論

第1章 ジャニーズ記者会見の狂気

2023年9月1日、この記者会見こそが鬼畜の所業だった。記者たちの過激な糾弾は、ヒステリックに狂っていた！
史上空前の加害行為ということになると思うんですけれども
（TBS報道局記者 村瀬健介）
いまウクライナでロシア軍による子供の虐殺や誘拐が起こっているが知らんのか？
それよりもジャニー喜多川のほうが巨悪か？
ヒトラーやスターリンに匹敵するほどの犯罪をしたというご自覚が足りないのではないか？
（YouTubeで発言しているらしき奴）

ジャニー喜多川がいつ民族大虐殺をした？
なんでこんなバカが記者会見に来てるんだ？
特に凶暴だったのが、東京新聞の記者・望月衣塑子だ。
望月は共同記者会見のマナーもルールも完全無視して、10分以上、糾弾を続けた。
東山さんはJr.たちを前に自分の陰部を晒して、「俺のソーセージを食え」とね、やられた方たちは覚えている。
暴露本の内容をウラも取らずに公式の場で持ち出すなんて新聞記者のやることか？
しかも、たとえ事実だったとしてもこれくらいは「若気の至り」の悪ふざけのようなものだろう。
何十年もたって追及することではない！
よくジャニーズ・タレントを辞めると薬物に走ったり、刑事事件を起こしたり、あとは18歳未満の子に性暴行とかいうのがわからなかったのですが、被害者の声を聞けば聞くほど、性加害を受けたことのトラウマをなんとか解消するために……
何を言ってるんだ？
「辞めジャニ」が犯罪をしたのもジャニー喜多川のせいだと言うのか？
いろんな境遇の少年たちがいるんだ。
夢破れて道を踏み外す者だっているだろうよ！
ジャニーズにいたことを誇りにして生きている者のほうが多いのだ。

真の被害者は成功したジャニーズメンバーだ！アイドルを目指すJr.や研究生も、余計な偏見をつけられて、不安だろう。全く馬鹿マスコミ、馬鹿グローバル企業こそキャンセルしたい。
東山さん自身がデビューする前にジャニーさんからの加害を受けたという記憶はあるのかないのか？
な…なんだと～～～？
性被害の告白を強要するのは「セカンドレイプ」じゃないか！
それは本人が隠している性的指向を暴露する「アウティング」と同じ、絶対やっちゃいけない人権侵害なんだぞ。
マスコミはジャニー喜多川の性癖を知っていながら報じなかったくせに
よくそんなに正義を背負って暴言ばかりの糾弾ができるな!?
そんな身勝手な糾弾にもジャニーズ側は無条件降伏だった。
あの人は誰も幸せにしなかった。
東山紀之
はあああ？わしはジャニーズの楽曲の中に、好きな曲が膨大にあるし、ドラマなども大いに楽しませてもらい、ファンとして幸せにしてもらったのだが!?
本当に人類史上もっとも愚かな事件だと思います。
鬼畜の所業だと思います。
今はもう愛情はまったくなくなりました！
なんてことしてくれたんだって思います。
いい加減にしてほしいですね。
井ノ原快彦

西洋の価値観による人権真理教で消毒され尽くした、無菌室みたいな世界に本当に住みたいか？「水清ければ魚棲まず」って言葉知らない？ ジャニー喜多川がヘンタイだったからあれだけのエンタメができたのは事実。これを否定し消し去っていいのか？ 守るべき価値観を問い続けるブログマガジン小林よしのりライジング配信中!!

ジャニー喜多川の少年愛とショービジネスの才能は表裏一体で決して切り離せない。
クリエイターの不条理だ！
善人だけが傑作を生むわけではない！
ジャニーがヘンタイだったからこそ東山も井ノ原も世に出られたのだ。
喜多川を「鬼畜」とまで言い放つとは恩知らずにもほどがある。
自らのアイデンティティーの自殺だ！
vanson leathers
今回は法を超えて、救済、補償というものが必要だなと思っています。
この言葉に、弁護士が「法を超えてきちんと補償して参りたい」と同意したのには呆れ果てた。
弁護士までが法治主義を否定したのだ！
もう事実の証明も要らない、「被害者」だと名乗れば補償を受けられる。
「時効」すら無視するそうだ。
ジャニーズ側は「国際社会は『人権』に異常なほど厳しい」と弁護士から説明を受け、ベタ折れしたのだろう。
だが、キリスト教圏の倫理基準よりも日本人なら日本の道理で語るべきだし、日本の法治主義までかなぐり捨てていいはずはない！

どんなにジャニーズ側がベタ折れしようと、「自称被害者の証言をまったく検証もせず」正義を背負ったマスコミ・大衆のヒステリーはジャニーズが潰れるまで叩くつもりなのだ。
案の定、会見前は「タレントに罪はない」という論調が大勢を占めていたはずなのに、会見後は雪崩を打つように企業がジャニーズタレントを起用したCMの打ち切りを表明した。
NISSAN
meiji
日本
経済同友会代表幹事・新浪剛史は、こう言った。
ジャニーズ事務所と取引をすることは、未成年者への虐待や人権侵害を認めることになる。
タレントを含めてジャニーズに関わりのあるものはすべて「えんがちょ」しろと言うのだ。
部落差別にも繋がる「穢れた共同体とは縁を切れ」という人権無視の差別イデオロギーを、堂々とテレビで公言したのである。
ジャニーズは、日本史上最大の「キャンセル・カルチャー」の対象となってしまった！
「キャンセル・カルチャー」って知ってるだろうか？

日本に保守が全くいないから、人権極左イデオロギーの日本国内への侵略を大歓迎してしまった。馬鹿ばっかりだ。
キャンセル・カルチャーとは、ある個人の過去の言動を問題化し、その人物を社会から完全に追放してしまう運動のことだ。
単にその人の仕事を干すだけではなく、まるで予約したものをキャンセルするかのように過去の業績まですべてを**「キャンセル」**して、**「なかったこと」**にしてしまうのだ。
キャンセル・カルチャーはアメリカで始まったが、わしが最初に意識したのは、2018年4月、財務省の事務次官が女性記者に対して**「胸触っていい?」「手縛っていい?」**などのセクハラ発言で辞任させられた件からだ。
2020年7月 トランプの演説から**「キャンセル・カルチャー」**という言葉が普及。
2021年2月 森喜朗**「女性が入る会議は時間がかかる」**等の発言を問題視され、東京五輪組織委員会の会長を辞任。
2021年7月19日 小山田圭吾、過去の**「いじめ自慢」**発言を問題視され、東京オリパラ開会式の作曲担当を辞任。
東京オリ・パラでは、世界(人権先進国)の顔色を見るから絵本作家・のぶみや、演出家・小林賢太郎らが、過去の言動をネタに次々、辞任させられた。

そもそも、慰安婦問題の時のように、なぜ被害者を名乗る者たちの証言の検証をしないのだ？デタラメじゃないか！
キャンセル・カルチャーには「法の不遡《そ》及《きゅう》」の原則がない。
「時効」もなくそうとしている。
何十年も前の言動を蒸し返して今の価値観や社会規範で裁き、問答無用で抹殺してしまう。
しかもキャンセル・カルチャーは「対抗言論」を認めない。
十分な反論の機会も与えずに、一方的・不可逆的、そして急速に排除する。
謝罪しようと弁明しようと誰も聞く耳を持たず、逆に火に油を注ぐ形にしかならない。
キャンセル・カルチャーとは、法治主義から逸脱した集団リンチである。
それが今まさにジャニーズに対して行われている。
ジャニー喜多川は「もっとも多くのコンサートをプロデュースした人物」「もっとも第1位のシングル曲をプロデュースした人物」として2010年にギネス世界記録に認定された。
vanson
leathers
これは性加害の有無とは別に、ジャニー喜多川が成した事実である。
ところがギネスはこの記録を削除した。
業績が丸ごとキャンセルされたのだ。
GUINNES
WORLD RECORDS
さらに「ジャニーズ事務所」の名前を変えろという圧も高まり、変更されてしまった。
ジャニー喜多川という人物も業績もこの世に存在しなかった、キャンセルしろという結論に至ったわけだ。
これをなぜ誰も野蛮だと思わないのか？

キャンセル・カルチャーは
破壊願望を膨張させた
大衆の革命運動の
ようなものだ。
権力者を次々に
ギロチンにかけて
喜んでいた
フランス革命時の
大衆のごとく、もはや
ジャニーズ事務所の
崩壊を見なければ
満足できないのだ！
これでもし本当に
ジャニーズ事務所が
潰れてしまったら
アイドルを目指す若者も、
夢を失ってしまう。
社会は学歴だけが
貧困からの脱出の道に
ならないほうがいいのだ!!
漫画や芸能などの文化も
出世の道であったほうがいい。
過去にはジャニー喜多川の
性的イタズラを
徹底スルーしていたくせに、
外国（キリスト教的価値観の国々）
から指摘されたら、
途端に「手のひら返し」して、
糾弾大会を始める。
さすが敗戦後に突然、
「手のひら返し」した
マスコミの継承者である。
ごーまんかまして
よかですか？
罪なき者は
石もて打て！
石もて打つ
資格のある者だけが
残るがいい！

ゴーマニズム宣言
SPECIAL
日本人論

第2章 キャンセル・カルチャーとは何か?

ついに「ジャニーズ」の名称までキャンセル(消滅)させられてしまった。
「ジャニー喜多川」という人物と、その創作文化は、この世になかったものとして処置される。
ジャニーズという名前ではもうCMもTV出演もできないと言う。
ジャニーズ事務所
社名変更
SMILE-UP.
スマイルアップ
日本には元々、「えんがちょ」という「穢《けが》れ思想」があるから、企業が続々とCM離れし始めた。ジャニーズに関わると穢れると思っているのだ。
「それがグローバリズム」「それが欧米基準」「それがキリスト教基準」それに従わぬ会社や文化はえんがちょして消去すべし！
加害者が死んだ後でも、会社ごと消滅させせよ！

テレビのコメンテーターや文筆家などで、ジャニーズ問題に対して「キャンセルカルチャー」という言葉を出した者は一人もいない。教養のある知識人がいないのだ。
「穢れた共同体」に縁があるタレントやドラマとは縁を切りたいと、NHKも「新規の出演依頼は当面行わない」「紅白歌合戦も現状ではゼロになる」と発表した。
紅白歌合戦
これは単に大きな権力に忖度するシステムの破壊という大義などではない！
「キャンセル・カルチャー」という欧米の流行に感化されて踊っているだけなのだ！
「キャンセル・カルチャー」という言葉が定着したのは、2020年7月4日、当時のアメリカ大統領、ドナルド・トランプの独立記念日の演説からである。
そもそもキャンセル(cancel)とは、あくまでも現在やっていることを中止するか、あるいは未来における予約や予定・計画などを取り消すことをいう。
2023
過去は取り消せない。
過去に起こった事実を「キャンセル」するなんてことは、本来はありえないはずだ。
過去を「キャンセル」するというのは、元々はおかしな用法であることを前提とした、ジョーク交じりの英語表現だった。
だがトランプは、ジョークでは済まないような「過去をキャンセルする」という暴挙が行われているとして、怒りを込めてこれを「キャンセル・カルチャー」と呼び、非難したのだ。

「子供の人権」は世界で普遍的な価値観ではない。エルサレムでは、子供は飢えに苦しみ、爆撃に怯え、死の恐怖に震えている。日本ではジャニー喜多川の、たかが「ともだちんこ」でギャーギャー騒いでいるのだから呆れる。

アメリカでは、民主党を中心とするリベラル派によって「ポリコレ」(ポリティカル・コレクトネス＝政治的な正しさ)に基づく「歴史の見直し」が盛んに行われている。
Merry Christmas
Happy Holidays
従来の歴史観では、初代大統領、ジョージ・ワシントンやアメリカ独立宣言の起草者で第3代大統領のトーマス・ジェファーソンは、偉大なるアメリカ建国の父祖である。
ところが近年、その歴史観が大きく見直され始めた。
二人とも大地主で、奴隷を所有していたからだ。
George Washington
Thomas Jefferson
特にジェファーソンは、独立宣言の冒頭で「すべての人間は平等につくられている」と唱えた人権や民主主義の代名詞的人物で、「奴隷輸入禁止法」に署名した大統領でありながら…
自ら奴隷を所有・取引し、奴隷と不倫して7人の子を産ませたことや、大統領在任中に先住民に対して厳しい同化政策を行ったことが強く非難された。
そして2020年、黒人青年が白人警察官の暴力で死亡したことを契機に巻き起こったブラック・ライブズ・マター(BLM)運動の際には、全米にある黒人抑圧者の像の撤去が呼びかけられ、ジェファーソンの銅像も引き倒されている。

まさかここにきてハマスとイスラエルの間で、これまでで最大規模の戦争が起こるとは思いもしませんでした。さすがに「SPA!」で描く余裕はないけれど、よしりん先生にはこの件でも、誰も言わない、しかしこれが真実としか思えない意見があります！ それは、ブログマガジン小林よしのりライジングにて公開中！

アメリカのリベラルには、過去の人種差別の歴史を見直し、過去を断罪することによって、現在の人種差別的な見方を改め、平等な社会の実現に近づけることができるとするイデオロギーがある。
だがこの歴史見直しは当然、アメリカ大陸の「発見者」コロンブスにまで行きつく。
すでに先住民がいる大陸を「発見」したというのは誤りで、コロンブスこそがヨーロッパからの白人流入と先住民の受難の張本人となるのだ。
そして実際、BLM運動の際にはコロンブスの銅像も破壊されている。
こうしてアメリカにおける歴史見直し運動は、自国の歴史を根こそぎ否定しかねないところまで来ているのである。
人は誰でも、その時代の価値観の中で生きているもの。これを現在の価値観で断罪するのは、後世の人間の思い上がりでしかなく、やってはいけないことだ。
わしはずっとそう訴えてきた。

そうしてわしは『戦争論』を描き、日本の大東亜戦争が戦後の価値観によってすべて「悪」とされ、公娼制度があった時代の慰安婦が「性奴隷」と決めつけられる風潮を相手に、歴史認識論争を戦った。
戦争論
その結果、日本国内においては「自虐史観」一色だった歴史観を大きく変えることに成功した。
だが、アメリカでは日本軍の慰安婦は「性奴隷」だったという認識が完全に定着してしまい、歴史戦に敗北してしまった。
それは、アメリカには「現在の価値観で過去を断罪するのが当然」という意識があるからで、当時は現在のような人権感覚はなかったといくら主張しても、まったく効果がなかったのである。
だがそんなアメリカでも共和党・保守派の間には、民主党・リベラル派による、「平等な社会の実現のため」という名目で歴史をも抹殺するポリコレ・イデオロギーに対する不満と反発が積もりに積もっていた。
そしてトランプが登場し、「ポリコレ」を「キャンセル・カルチャー」と言い換えて猛反撃に転じたのである。
ドーン

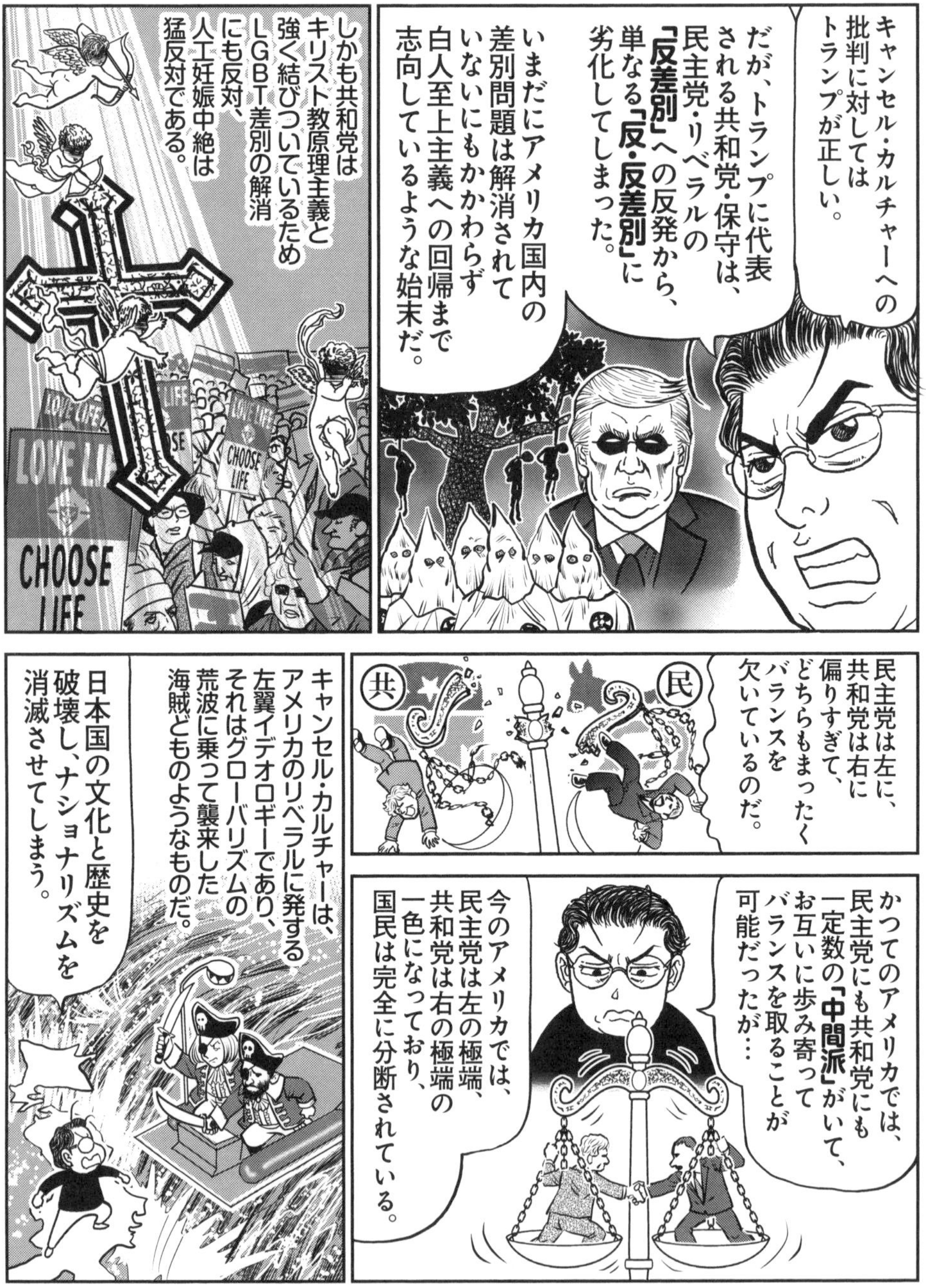
キャンセル・カルチャーへの批判に対してはトランプが正しい。
だが、トランプに代表される共和党・保守は、民主党・リベラルの「反差別」への反発から、単なる「反・反差別」に劣化してしまった。
いまだにアメリカ国内の差別問題は解消されていないにもかかわらず白人至上主義への回帰まで志向しているような始末だ。
しかも共和党はキリスト教原理主義と強く結びついているためLGBT差別の解消にも反対、人工妊娠中絶は猛反対である。
LOVE LIFE
CHOOSE LIFE
民主党は左に、共和党は右に偏りすぎて、どちらもまったくバランスを欠いているのだ。
共
民
かつてのアメリカでは、民主党にも共和党にも一定数の「中間派」がいて、お互いに歩み寄ってバランスを取ることが可能だったが…
今のアメリカでは、民主党は左の極端、共和党は右の極端の一色になっており、国民は完全に分断されている。
キャンセル・カルチャーは、アメリカのリベラルに発する左翼イデオロギーであり、それはグローバリズムの荒波に乗って襲来した海賊どものようなものだ。
日本国の文化と歴史を破壊し、ナショナリズムを消滅させてしまう。

わしの意見は必ず少数派になって、マスコミからスルーされる。だがわしは「正義」よりも「真実」をとるから仕方がない。

元々アメリカは歴史が短く、その土台が弱いから、歴史破壊の衝動が、生まれやすいと言えるが、
そのアメリカでも、歴史を破壊するキャンセル・カルチャーに猛反対する人々がいる。
奇妙なのは、日本の保守派には、アメリカの保守派のように、キャンセル・カルチャーを敵視する感覚がまったくなく、むしろグローバル企業を擁護し、キャンセル・カルチャーに加担している始末なのだ。
保
ところが日本人は、人権はグローバリズムでは絶対正義だからと、猛烈にジャニーズ叩きの全体主義をつくり上げ、社名すら消し去れとキャンセルし出した！
日本のリベラル（サヨク）は、グローバリズムが好きで、ナショナリズムが嫌いだ。
「人権」や「平等」のイデオロギーが最高の価値と思い込んでおり、
アメリカのリベラル派と価値観が同じだから、
簡単にキャンセル・カルチャーに加担してしまうのだ。
要するに、日本には日本の文化・歴史を保守しようと、グローバリズムを批判できる者はいない。
日本には真の保守はいないのである。

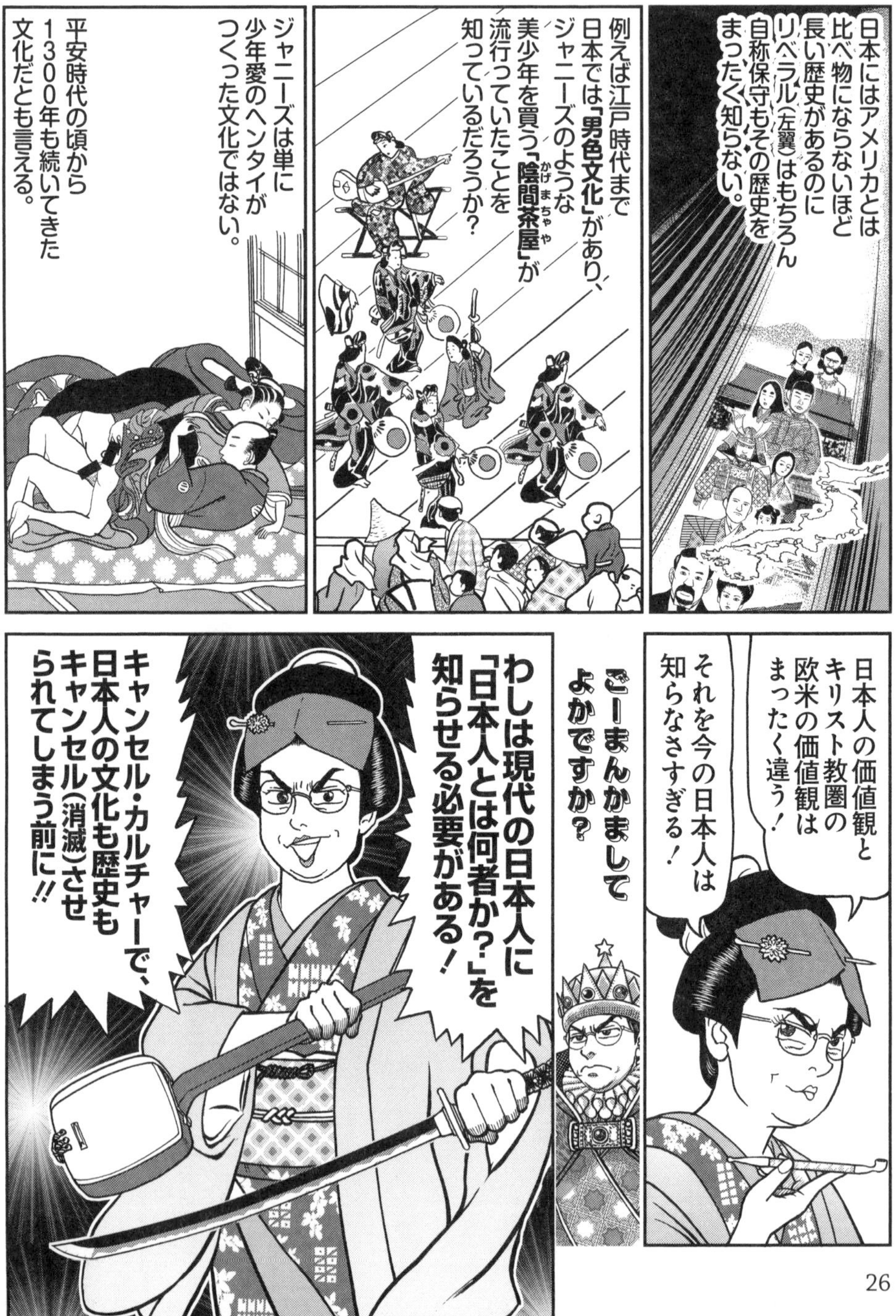

日本にはアメリカとは比べ物にならないほど長い歴史があるのにリベラル(左翼)はもちろん自称保守もその歴史をまったく知らない。
例えば江戸時代まで日本では「男色文化」があり、ジャニーズのような美少年を買う「陰間茶屋《かげまちゃや》」が流行っていたことを知っているだろうか?
ジャニーズは単に少年愛のヘンタイがつくった文化ではない。
平安時代の頃から1300年も続いてきた文化だとも言える。
日本人の価値観とキリスト教圏の欧米の価値観はまったく違う!
それを今の日本人は知らなさすぎる!
ごーまんかましてよかですか?
わしは現代の日本人に「日本人とは何者か?」を知らせる必要がある!
キャンセル・カルチャーで、日本人の文化も歴史もキャンセル(消滅)させられてしまう前に!!

ゴーマニズム宣言
SPECIAL
日本人論
第3章
ザビエルとBBC

1549年、宣教師フランシスコ・ザビエルが薩摩に上陸した。
肥後
日向
薩摩
大隅
ザビエルは日本人を非常に高く評価した。
「この国民は、私が遭遇した国民のなかでは、一番傑出している。私には、どの不信者※国民も、日本人より優れている者は無いと考えられる。」
だが、そんなザビエルが憤慨したのが、日本の僧侶の生活だった。
「僧侶が、尼僧と姦淫している！」
「僧侶が、読み書きを教えている生徒と男色をしている！」

※キリスト教を信じていない国民

日本の歴史の中で、少年愛も認知されていた時代がかなり長くあったという事実を、マスコミや一般国民は知らないのだろうか？その日本人の感覚がジャニー喜多川への疑惑を「大したことじゃない」という認識にさせていた。

それはカトリックの司祭にとっては信じられない堕落だったのだ！
この人は乱倫は罪だと言ってるよーっ！
わははははは
？
？
日本のお坊さんは、平気で姦淫し、男色の対象である少年を養っている。
これは、決して許されない罪なのです！
げらげらげらげら
あははははは
そんなことは、罪じゃないって。
稚児《ちご》だよ！
お稚児さんだって！
稚児って…少年ならなおさら悪い。
西洋のキリスト教圏においては男色は罪である。聖書にもそう書かれている。
「女と寝るように男と寝る者は、両者共にいとう（厭う）べきことをしたのであり、必ず死刑に処せられる」
（レビ記20章13節）
「姦通する者、男娼、男色をする者…は、決して神の国を受け継ぐことができません」
（コリントの信徒への手紙6章9〜10節）

ジャニー喜多川の少年愛を放置していたのは、要するに日本人はキリスト教の「男色は犯罪」という価値観を受容していなかったからだ。現在の「やおい本」のもの凄い氾濫もその一環にある。

創世記にある、神がソドムの町を滅ぼした話も、同性愛などの性的放埒《ほうらつ》が原因とされている。
それに対して、日本では、古くから男色の文化があった。
仏教では女性を不浄とみなしたため、女人禁制の寺院で僧侶が男色に走り、奈良時代以降、僧侶が自分の身の回りの世話をする有髪の少年「稚児」を寵愛する風習が広く浸透した。
武士が台頭すると、女性を連れて行けない戦地などに赴いた武士が、部下や身辺に仕える「小姓《こしょう》」を相手にするようになり、男色文化がさらに発達。
ザビエルがやって来たときには、もう男色はフツーのことになっていた。
坊さんがやっているのだから、庶民もやって当然という感覚だったのだ。

ジャニーズ問題を歴史まで含めて考察し、日本では「大したことじゃない」と真実を言う人は、よしりんだけ。なぜそうなるのか？「男色の歴史」なんか試験に出ないから。「重大な人権侵害」と言わないと、100点が取れないから！学歴秀才に真実は絶対にわからない。真実を知りたい人は小林よしのりライジングを読もう！

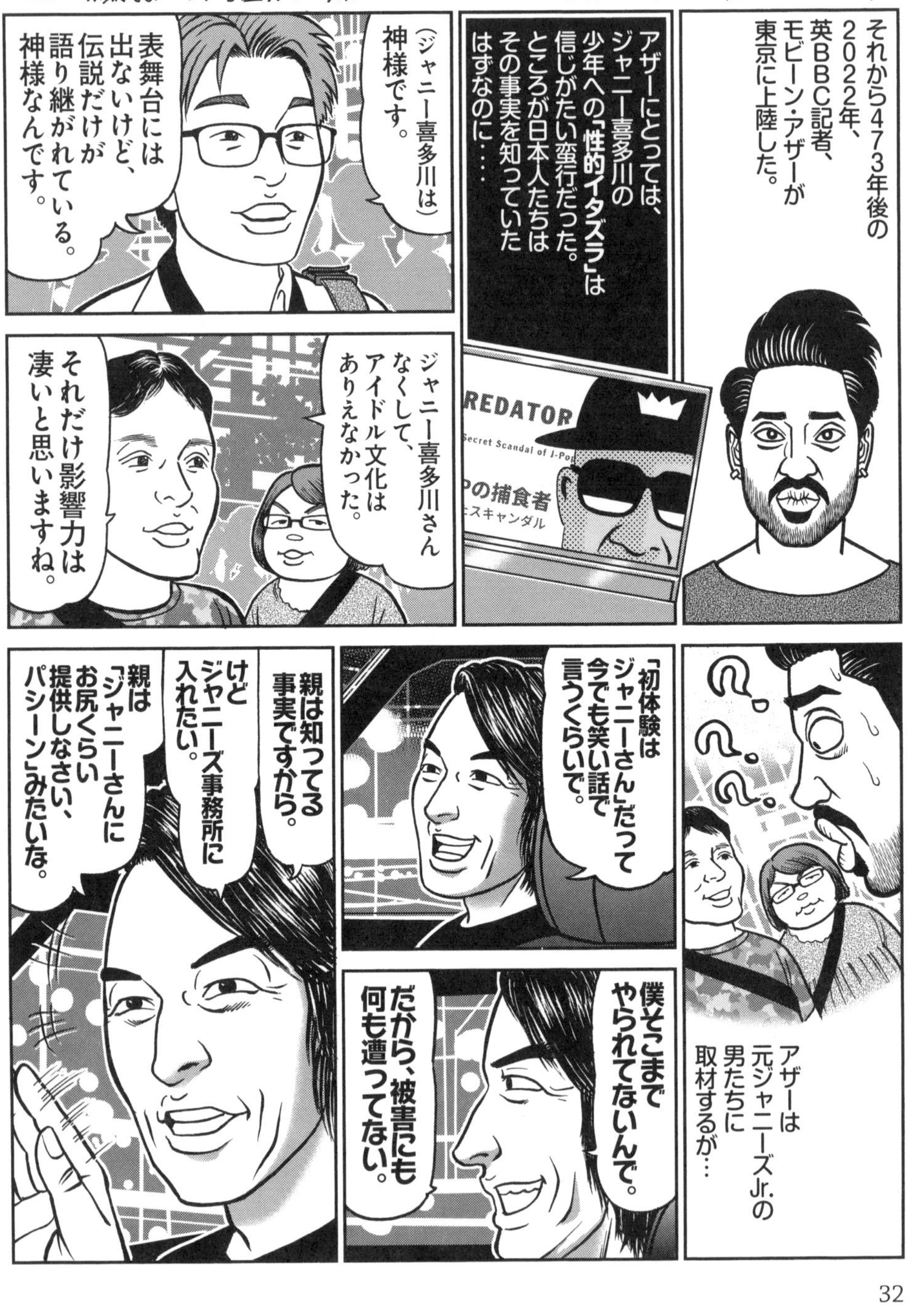
それから473年後の2022年、英BBC記者、モビーン・アザーが東京に上陸した。
アザーにとっては、ジャニー喜多川の少年への「性的イタズラ」は信じがたい蛮行だった。ところが日本人たちはその事実を知っていたはずなのに・・・
（ジャニー喜多川は）神様です。
表舞台には出ないけど、伝説だけが語り継がれている。神様なんです。
ジャニー喜多川さんなくして、アイドル文化はありえなかった。
それだけ影響力は凄いと思いますね。
アザーは元ジャニーズJr.の男たちに取材するが…
「初体験はジャニーさん」だって今でも笑い話で言うくらいで。
僕そこまでやられてないんで。
だから、被害にも何も遭ってない。
親は知ってる事実ですから。
けどジャニーズ事務所に入れたい。
親は「ジャニーさんにお尻くらい提供しなさい、パシーン」みたいな。

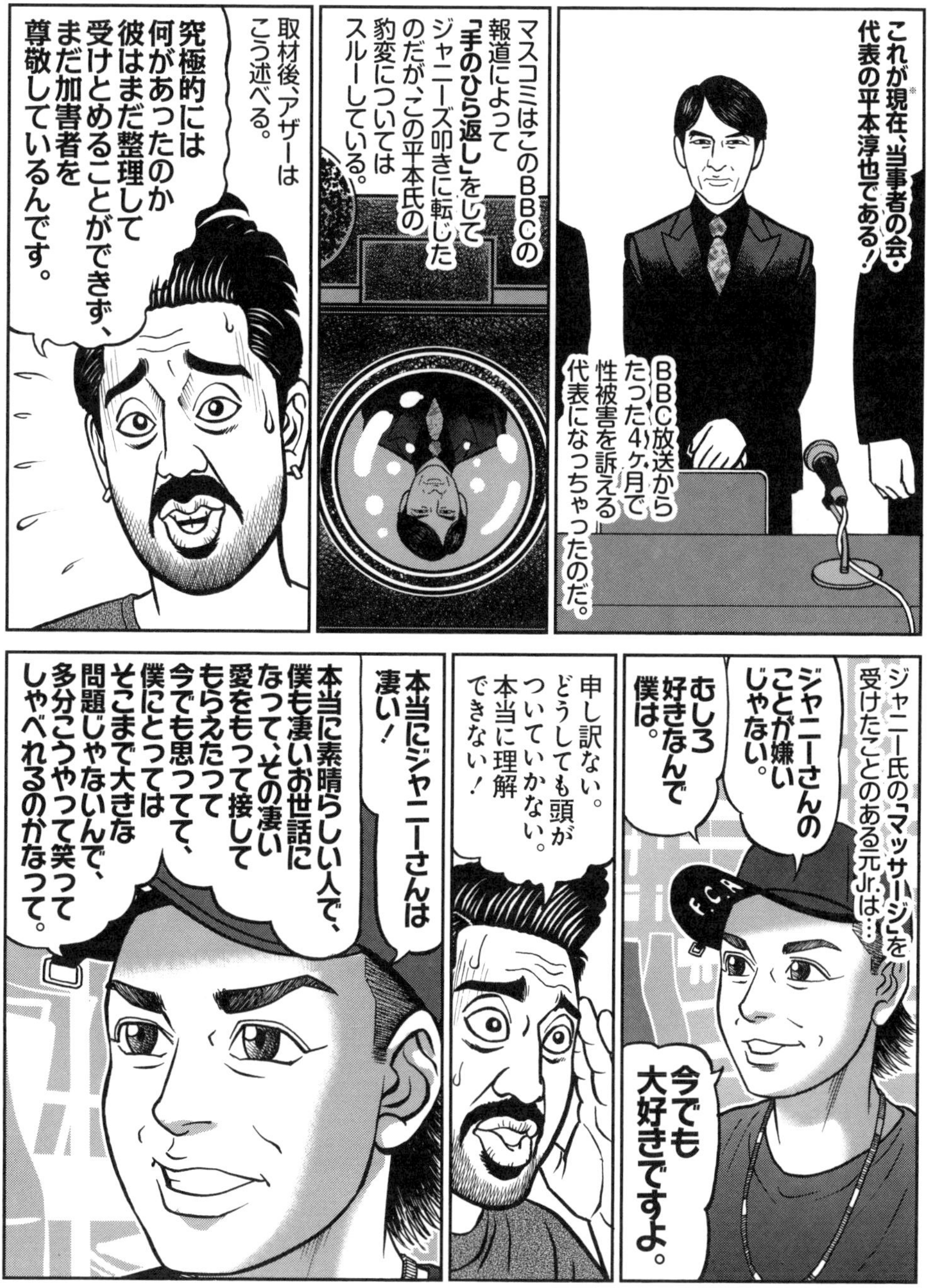
これが現在、当事者の会・代表の平本淳也である！
BBC放送からたった4ケ月で性被害を訴える代表になっちゃったのだ。
マスコミはこのBBCの報道によって「手のひら返し」をしてジャニーズ叩きに転じたのだが、この平本氏の豹変についてはスルーしている。
取材後、アザーはこう述べる。
究極的には何があったのか彼はまだ整理して受けとめることができず、まだ加害者を尊敬しているんです。
ジャニー氏の「マッサージ」を受けたことのある元Jr.は…
ジャニーさんのことが嫌いじゃない。
むしろ好きなんで僕は。
今でも大好きですよ。
申し訳ない。どうしても頭がついていかない。本当に理解できない！
本当にジャニーさんは凄い！
本当に素晴らしい人で、僕も凄いお世話になって、その凄い愛をもって接してもらえたって今でも思ってて、僕にとってはそこまで大きな問題じゃないんで、多分こうやって笑ってしゃべれるのかなって。

※2024年末に代表辞任

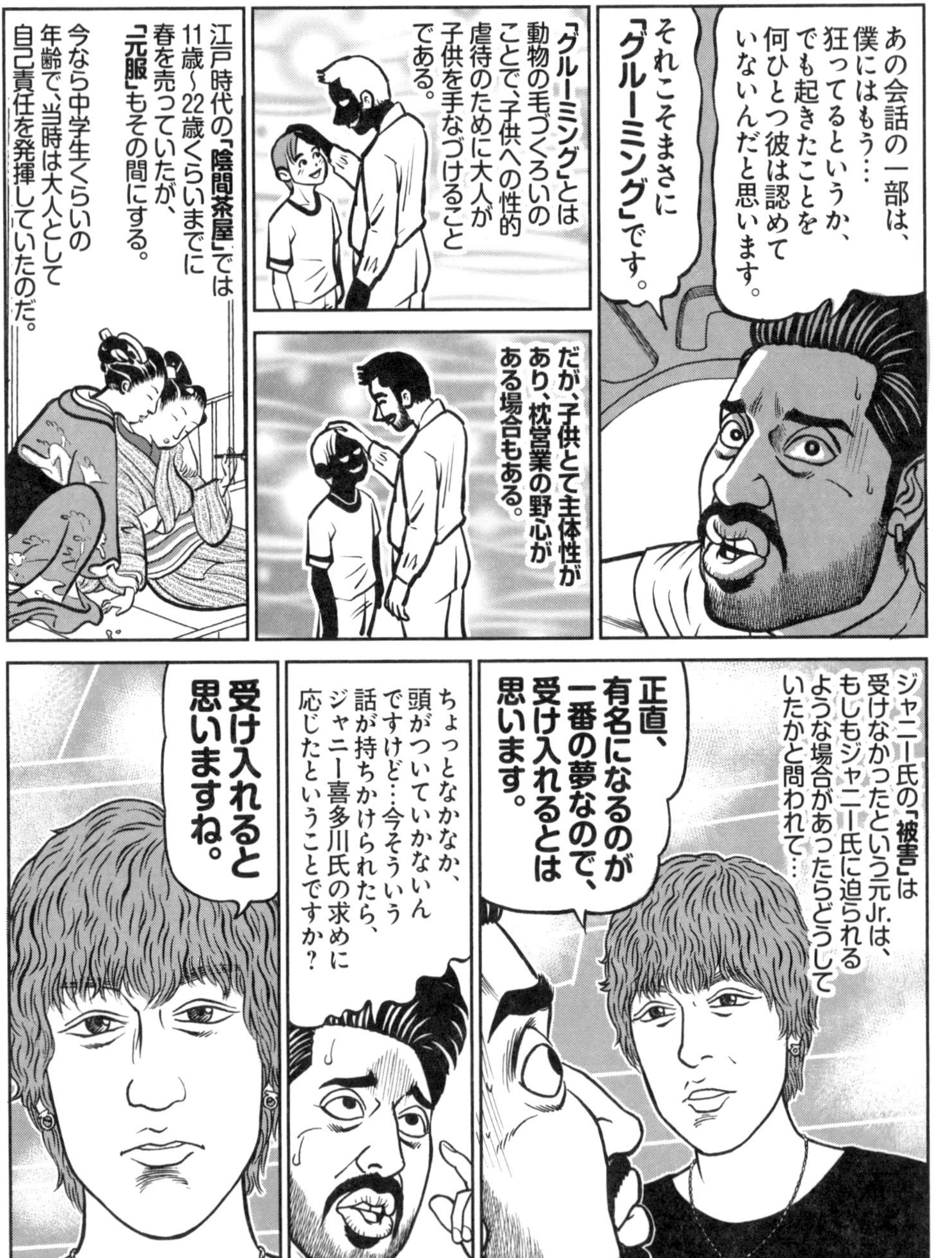
あの会話の一部は、僕にはもう…狂ってるというか、でも起きたことを何ひとつ彼は認めていないいんだと思います。
それこそまさに「グルーミング」です。
「グルーミング」とは動物の毛づくろいのことで、子供への性的虐待のために大人が子供を手なづけることである。
だが、子供とて主体性があり、枕営業の野心がある場合もある。
江戸時代の「陰間茶屋」では11歳～22歳くらいまでに春を売っていたが、「元服」もその間にする。
今なら中学生くらいの年齢で、当時は大人として自己責任を発揮していたのだ。
ジャニー氏の「被害」は受けなかったという元Jr.は、もしもジャニー氏に迫られるような場合があったらどうしていたかと問われて…
正直、有名になるのが一番の夢なので、受け入れるとは思います。
ちょっとなかなか、頭がついていかないいんですけど…今そういう話が持ちかけられたら、ジャニー喜多川氏の求めに応じたということですか？
受け入れると思いますね。

LGBTをわしが受容するのも、日本人の「タテ軸」を知っているからだ。自称保守の奴らは日本の歴史を知らないから、LGBTに反対するのだ。

取材後、アザーはこう述べた。
僕の中で何かが少し、死んだ気がします。
わはははは
こいつって現代のザビエルだ！
西欧キリスト教の価値観に基づく自分の感性こそが唯一絶対のものと信じ、日本には日本の価値観があるということは考えもしない。
文化相対主義の視点がまったくないのだ！
たとえ少年相手だろうと日本人が「大したことではない」と思ってしまっていたのは、キリスト教のように「男色は罪悪」という価値観が無かったからだ。
BBCの報道では、現代の日本人も、江戸時代の日本人と大して変わってないじゃないかと思って、わしは痛快だったのだ！
ところがBBCでの放送からわずか4ケ月で、マスコミと企業が強引に「グローバリズム」(欧米標準)の旗を掲げ、「キャンセル・カルチャー」を開始してしまった！

少年に対する性加害が一般的にあることは認める。それは刑事裁判で認定されなければならない。
ジャニーズの場合は「枕営業」の面が強いから、サンプルとして相応しくない。

マスコミは「手のひら返し」してジャニーズ叩きを開始！
「我こそは人権を守る正義の者」だと、ジャニーズを消滅させるキャンセル祭りに熱狂しだした。
戦前と戦後で180度、主張を変えて全体主義をつくるマスコミは、何も変わっちゃいなかった。
vanson leathers
マスコミはBBCの報道を見たのだろうか？
なぜこの中の一般日本人や、元ジャニーズJr.たちの意見に共感せず、イギリス人記者の方に共感してるんだろうか？
日本人なんか人権感覚の遅れた野蛮人にしか見えなかったのか？
わしのところには、ジャニーズファンの女性から、「あの被害者には疑惑がある」という情報が続々来るが、マスコミは、なぜその疑惑をスルーしてるんだ？
ごーまんかましてよかですか？
マスコミはスルーからスルーへ、称賛からキャンセルへ、客観的な視点がまったくない。
マスコミはなぜ常に狂っているのか!?

ゴーマニズム宣言
SPECIAL
日本人論

第4章
性犯罪者と性加害者は違う

今後「ジャニー喜多川」という
人物の痕跡はこの世から
完全に消し去られるらしい。
BBC報道から
わずか4か月。
史上最大・最速の
キャンセル・カルチャーの
成立である。
記者会見で指名されなかった
記者がX(旧ツイッター)に
長文の恨みつらみを
書き連ねていたが、その中で
ジャニー喜多川がやったことを
こう評していた。
ジェフリー・エプスタイン事件や
ハービー・ワインスタイル(ママ。
正しくはワインスタイン)事件
よりおぞましい、戦後史に
残る、世界でも最悪といって
いい性加害事件
これだけで、
この記者が何も
わかっていないバカだ
ということが完全に
露呈している。

法を知っているマスコミなら、ジャニー喜多川の行為を「性犯罪」とは書かないはずだ。法律用語で書くことを避け、「性加害」と書くのが良識だろう。

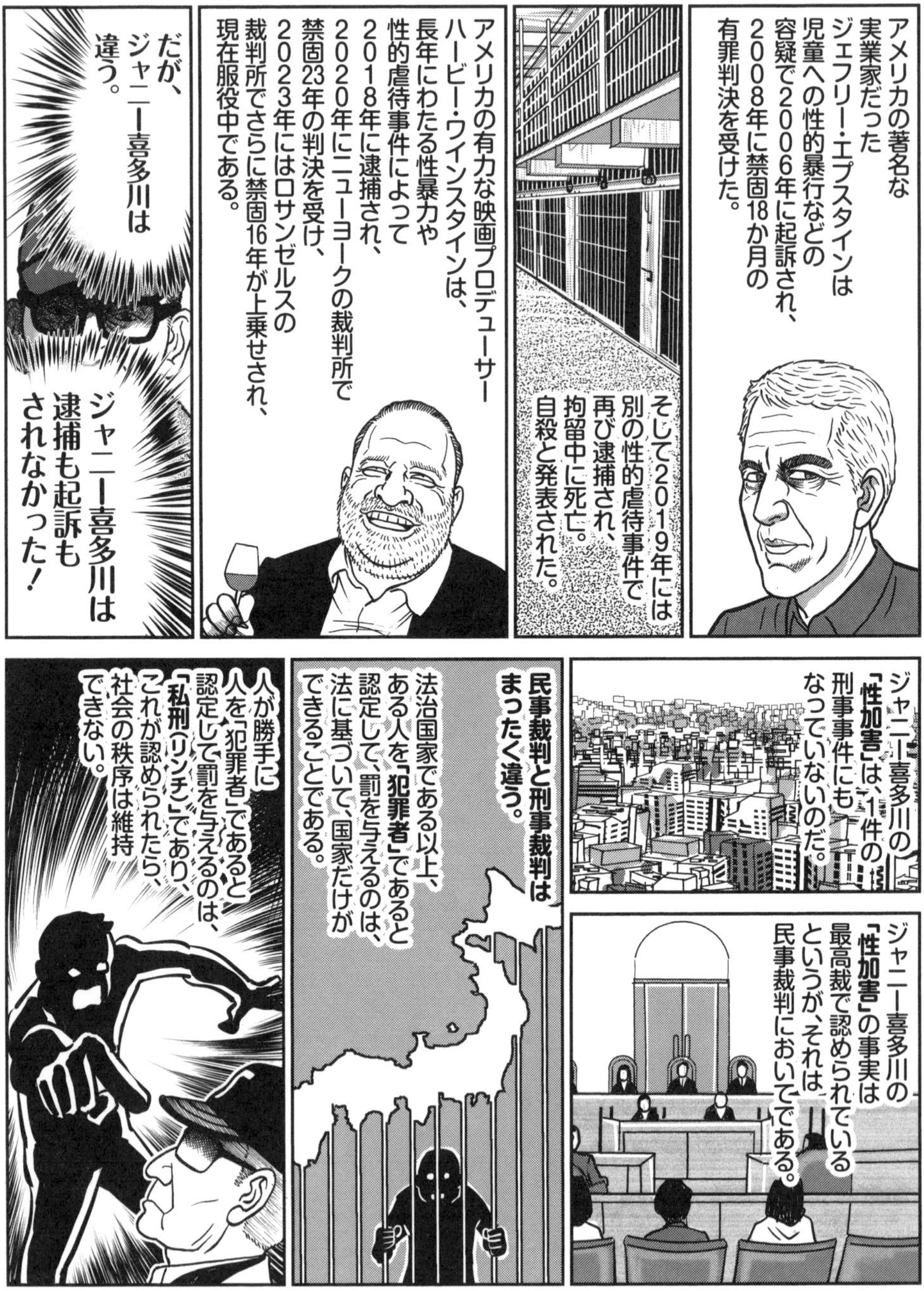

アメリカの著名な実業家だったジェフリー・エプスタインは児童への性的暴行などの容疑で2006年に起訴され、2008年に禁固18か月の有罪判決を受けた。
そして2019年には別の性的虐待事件で再び逮捕され、拘留中に死亡。自殺と発表された。
アメリカの有力な映画プロデューサーハービー・ワインスタインは、長年にわたる性暴力や性的虐待事件によって2018年に逮捕され、2020年にニューヨークの裁判所で禁固23年の判決を受け、2023年にはロサンゼルスの裁判所でさらに禁固16年が上乗せされ、現在服役中である。
だが、ジャニー喜多川は違う。
ジャニー喜多川は逮捕も起訴もされなかった！
ジャニー喜多川の「性加害」は、1件の刑事事件にもなっていないのだ。
ジャニー喜多川の「性加害」の事実は最高裁で認められているというが、それは、民事裁判においてである。
民事裁判と刑事裁判はまったく違う。
法治国家である以上、ある人を「犯罪者」であると認定して、罰を与えるのは、法に基づいて、国家だけができることである。
人が勝手に人を「犯罪者」であると認定して罰を与えるのは、「私刑（リンチ）」であり、これが認められたら、社会の秩序は維持できない。

マスコミの一部にまで、「法治主義」が分かっていない奴がいる。「法治主義」か？「人民裁判」か？という問いなら、わしは「人民裁判」を断固拒否する！「法治主義」のルールで、解決すべきだろう。

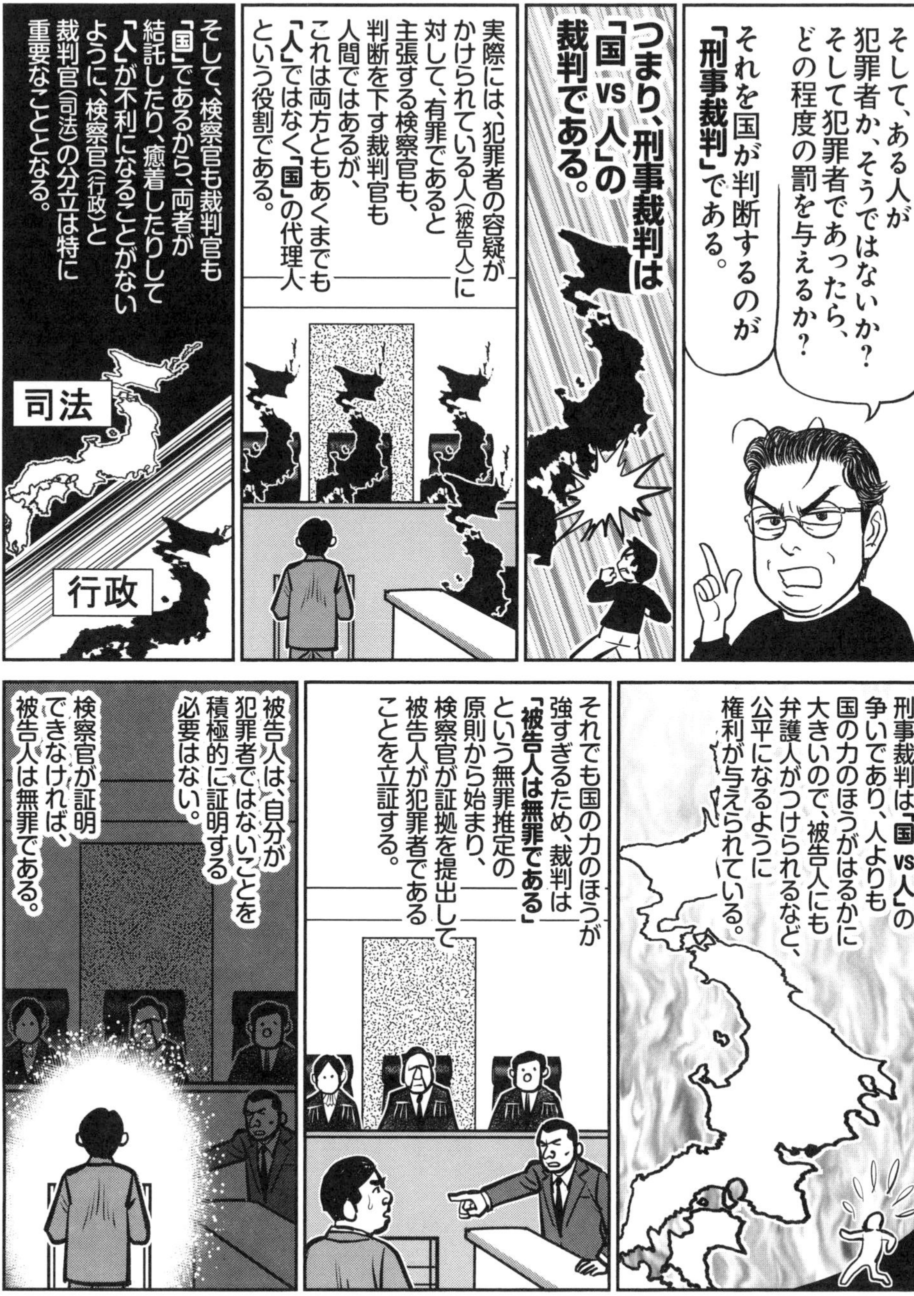

そして、ある人が犯罪者か、そうではないか？そして犯罪者であったら、どの程度の罰を与えるか？
それを国が判断するのが「刑事裁判」である。
つまり、刑事裁判は「国VS人」の裁判である。
実際には、犯罪者の容疑がかけられている人（被告人）に対して、有罪であると主張する検察官も、判断を下す裁判官も人間ではあるが、これは両方ともあくまでも「人」ではなく「国」の代理人という役割である。
そして、検察官も裁判官も「国」であるから、両者が結託したり、癒着したりして「人」が不利になることがないように、検察官（行政）と裁判官（司法）の分立は特に重要なこととなる。
司法
行政
刑事裁判は「国VS人」の争いであり、人よりも国の力のほうがはるかに大きいので、被告人にも弁護人がつけられるなど、公平になるように権利が与えられている。
それでも国の力のほうが強すぎるため、裁判は「被告人は無罪である」という無罪推定の原則から始まり、検察官が証拠を提出して被告人が犯罪者であることを立証する。
被告人は、自分が犯罪者ではないことを積極的に証明する必要はない。
検察官が証明できなければ、被告人は無罪である。

マスコミは今、ジャニーズ問題の検証ブーム。なぜ我々はジャニー喜多川の「性加害」について報道しなかったのか!?と「反省ゴッコ」をやっているが、誰も真実にカスリもしていない。そもそもこれって「反省」すべきことだったのか? 真実を突いているのはこれだけ! ブログマガジン 小林よしのりライジング配信中!!

一方、民事裁判は「人vs人」の裁判である。
わかりやすくいえば、Aさんが Bさんから被害を受けたとして、その賠償を払えと訴える。これが民事裁判である。
だから民事裁判には「勝訴・敗訴」の判断があるだけで、「有罪・無罪」という判断はない。
訴えたAさん(原告)は自分の権利を主張し、有利な証拠を提出する。
訴えられたBさん(被告)は、これに反論し、こちらも証拠を提出する。
裁判所はどちらの言い分が正しいかを判断して判決を下す。
要するに人と人との揉め事の解決であるから、判決まで行く前に裁判所が「この辺で折り合いをつけたらどうか」と「和解」を勧告することがあり、和解が成立して終わるケースも多い。
刑事裁判には「和解」はない。
あらためて言うが、ジャニー喜多川は一度も刑事裁判にかけられていない!
vanson
leathers
ジャニー喜多川がしたとされる行為が犯罪に問われるとしたら「準強制わいせつ罪」(2017年まで親告罪)「準強制性交等罪」(2017年から)「青少年保護育成条例違反」「児童福祉法違反」が挙げられるが…。
ジャニーが生きている間、告訴をした被害者も起訴をした検察官も一人もいなかったのである!

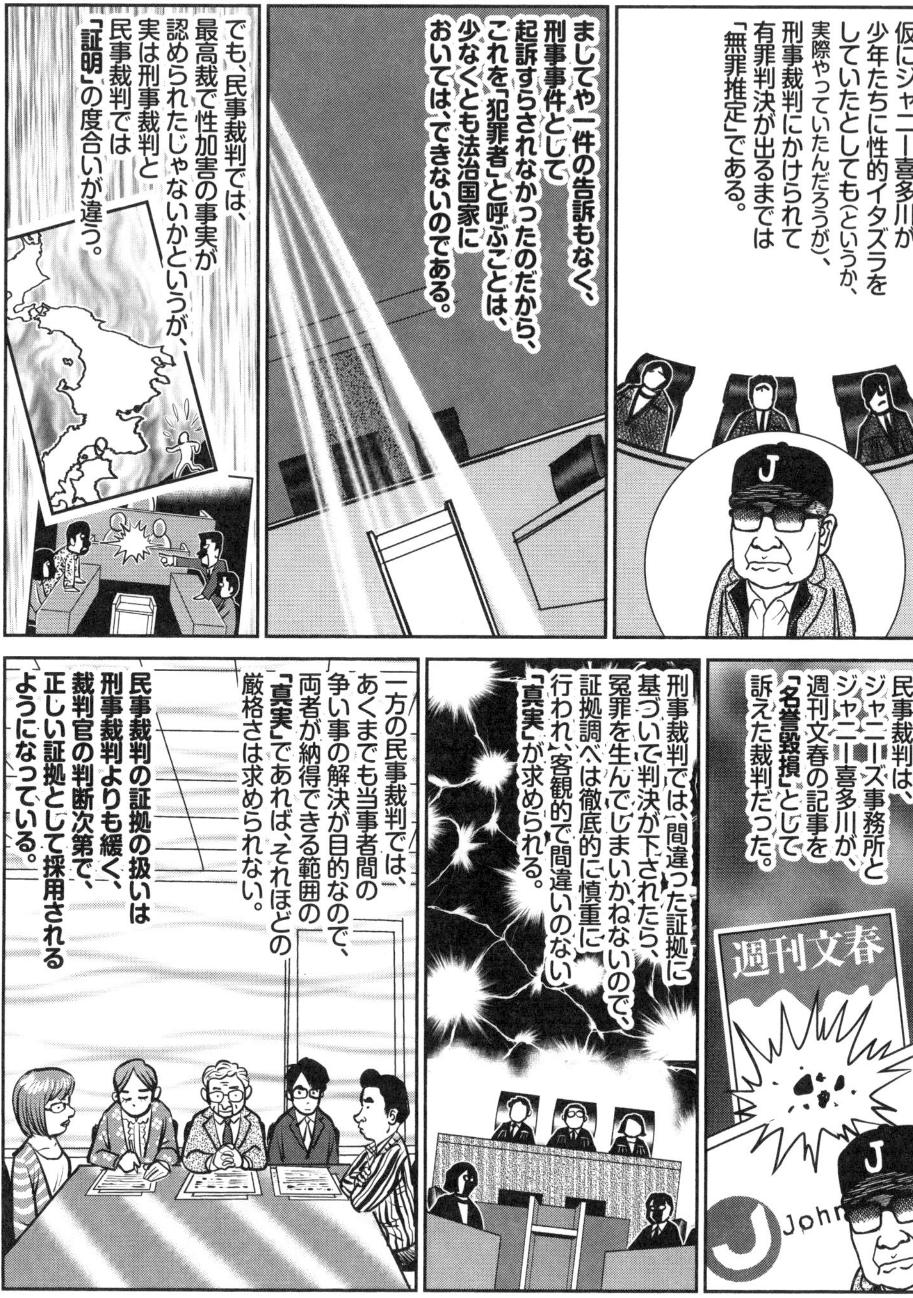
仮にジャニー喜多川が
少年たちに性的イタズラを
していたとしても(というか、
実際やっていたんだろうが)、
刑事裁判にかけられて
有罪判決が出るまでは
「無罪推定」である。
ましてや一件の告訴もなく、
刑事事件として
起訴すらされなかったのだから、
これを「犯罪者」と呼ぶことは、
少なくとも法治国家に
おいては、できないのである。
でも、民事裁判では、
最高裁で性加害の事実が
認められたじゃないかというが、
実は刑事裁判と
民事裁判では
「証明」の度合いが違う。
民事裁判は、
ジャニーズ事務所と
ジャニー喜多川が、
週刊文春の記事を
「名誉毀損」として
訴えた裁判だった。
週刊文春
J
刑事裁判では、間違った証拠に
基づいて判決が下されたら、
冤罪を生んでしまいかねないので、
証拠調べは徹底的に慎重に
行われ、客観的で間違いのない
「真実」が求められる。
一方の民事裁判では、
あくまでも当事者間の
争い事の解決が目的なので、
両者が納得できる範囲の
「真実」であれば、それほどの
厳格さは求められない。
民事裁判の証拠の扱いは
刑事裁判よりも緩く、
裁判官の判断次第で、
正しい証拠として採用される
ようになっている。

ジャニー喜多川vs週刊文春の民事裁判では、採用される証拠が裁判官によって変わり、一審では週刊文春が敗訴、二審で逆転し、最高裁で確定している。
弁護士がヘタだったから負ける、実際、そういうこともあるだろう。
だが、それでもとにかくジャニー喜多川の性加害が民事では事実として認められた。
だったらなぜこのときに1件の刑事告訴も起こされなかったのか？
民事でも、なぜ被害者からの賠償請求訴訟が1件も起こされなかったのか？
vanson
なぜ、今になってすっかりオッサンになった者たちが「被害者」として続々出てきたのか？
彼らの主張を丸呑みして一人残らず「被害者」と認定していいのか？
法律に則っていえば、ジャニー喜多川を「犯罪者」として扱うことのできる人は誰もいない。
ジャニーを「犯罪者」に仕立て上げたのは、法律ではなく、集団リンチによってである。
マスコミは無知の暴徒だから、大衆まで煽られ流されているが、ジャニー喜多川が法的に「犯罪者」とは認定されていないということは、完全に正しい事実である。

甘っちょろいリベラル左翼日本人ばっかりで、本当にうんざりするよ。ロシアも中国も北朝鮮も、日本にとって脅威なのに、戦えるのか？

ところが、当のジャニーズ事務所が「法を超えて」問題を解決すると言ってしまったのだから、もうどうしようもない。
ジャニー喜多川は「法を超えて」犯罪者にされてしまった。
しかも事務所側は「被害の立証を求めない」とまで言ってしまったからもうオシマイだ。
口で被害者だと主張すれば、証拠がなくてもいいというのだ。
こんなことは、法治国家ではありえない！
たとえば伊藤詩織さんの裁判では、薬物を盛られたという主張に厳格な立証を求められ、
それが不十分だとして、この部分では敗訴してしまった。
ジャニーズ事務所は最初から徹底的に法に則るという態度を貫き、「日本は法治国家です！」と力説すべきだった。
それで大企業のCMが切られるなら、海外展開してない企業のCMを取り、売り上げを伸ばしてやればいい。
ジャニーはすでに死んでいるのだ。
再発防止なんて言うがジャニーは亡霊になってでも少年に性加害するのか？
YOU～

男にも本当の性被害者はいるだろう。ジャニー喜多川が性加害を行なっていたことは、わしは「噂」による「偏見」で思っている。立証はできない。

法治主義を知らない
馬鹿なマスコミに媚びを売り、
法を無視して
創業者を鬼畜に貶め、
成功したタレントの
誇りを傷つけ、
ファンの夢を壊し、
積極的に廃業を目指す
なんて狂っている。
記者会見なんて
糾弾会か
魔女裁判になるに
決まっている。
24時間やったって
イジメたいだけの
マスコミは
満足しやしない。
会社を守ろうとせず
積極的に会社名まで
捨てさせた弁護士って
何者なんだ？
「人権」という
イデオロギーに
ここまで敗け散らかす
日本人は魂が
ふぬけている！
ごーまんかまして
よかですか？
1年に12万人以上
堕胎している日本人が
「子供の人権」が
至上のものだと
よく言うよ！
これ以上の
「偽善」は
この宇宙に
あるまい！
「偽善」こそが
真の悪である！

ゴーマニズム宣言
SPECIAL
日本人論

第5章 「当事者の会」への疑惑

2023年8月4日
やったぞ やったぞ
35年 かかったな
だが、この男は3月に放送されたBBCの番組では、笑ってこう言っていたのだ!
僕、そこまでやられてないんで。
だから被害にも何も遭ってない。
ジャニー喜多川の「性加害」を認定する国連人権理事会の記者会見を見て涙を流した「当事者の会」代表・平本淳也。
親は「ジャニーさんにお尻くらい提供しなさい、パシーン」みたいな。

刑事裁判において被害証言の立証責任を果たしていないのならば、「被害者」と断定できない。法治主義を徹底的に無視し、「噂」と「証言」、そして、メディアスクラムによってキャンセルされたのだから。

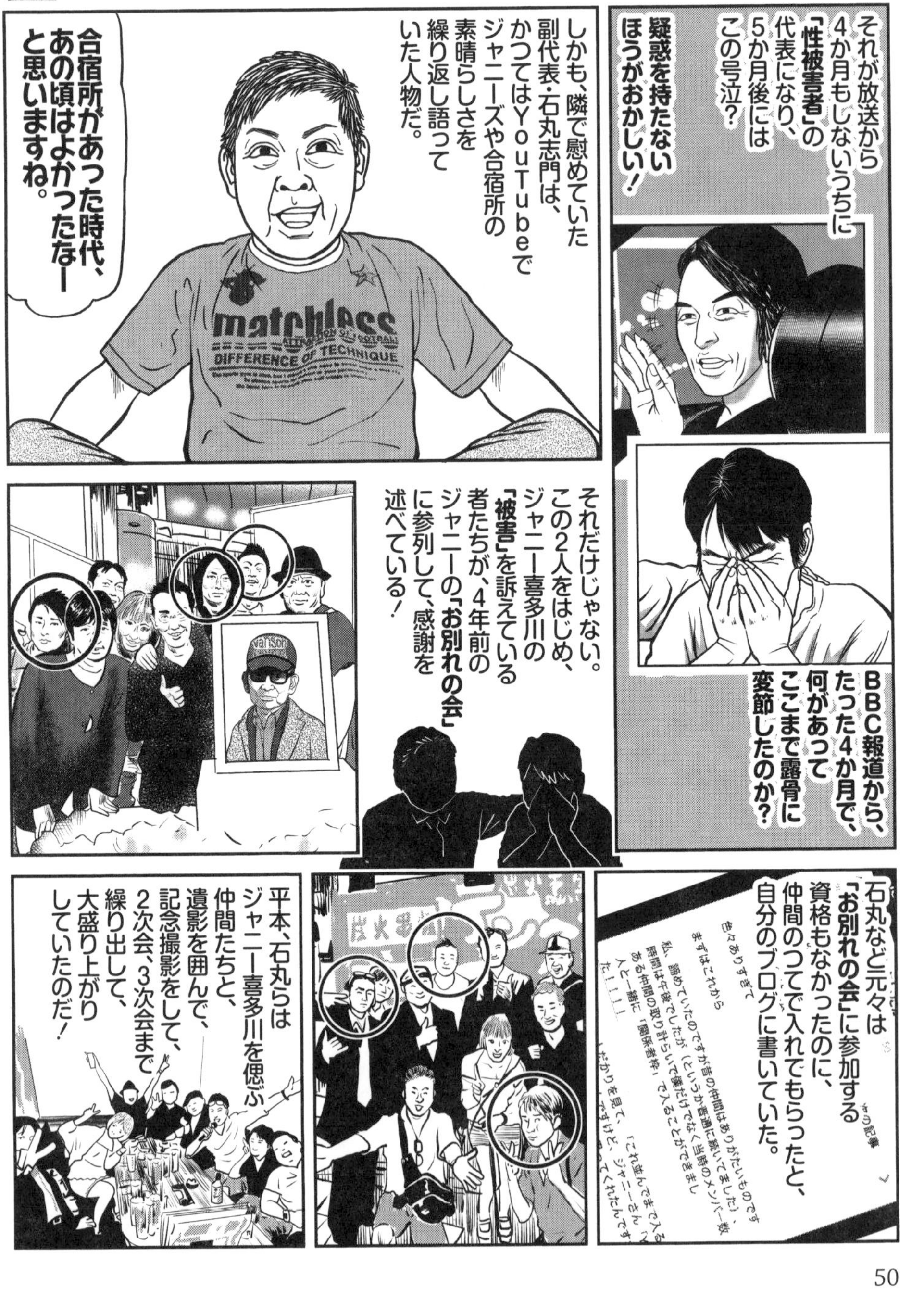

それが放送から4か月もしないうちに「性被害者」の代表になり、5か月後にはこの号泣？
疑惑を持たないほうがおかしい！
しかも、隣で慰めていた副代表・石丸志門は、かつてはYouTubeでジャニーズや合宿所の素晴らしさを繰り返し語っていた人物だ。
合宿所があった時代、あの頃はよかったなーと思いますね。
matchless
DIFFERENCE OF TECHNIQUE
BBC報道から、たった4か月で、何があってここまで露骨に変節したのか？
それだけじゃない。この2人をはじめ、ジャニー喜多川の「被害」を訴えている者たちが、4年前のジャニーの「お別れの会」に参列して、感謝を述べている！
石丸など元々は「お別れの会」に参加する資格もなかったのに、仲間のつてで入れてもらったと、自分のブログに書いていた。
色々ありすぎて
まずはこれから
私、諦めていたのですが昔の仲間はありがたいものです
時間は午後でしたが（というか普通に続いてました）、
ある仲間の取り計らいで僕だけでなく当時のメンバー数
人と一緒に「関係者枠」で入ることができまし
た！！！！
平本、石丸らはジャニー喜多川を偲ぶ仲間たちと、遺影を囲んで、記念撮影をして、2次会、3次会まで繰り出して、大盛り上がりしていたのだ！

今回描いた内容は、事実のみ！事実だらけ！証拠はある。写真もある。罵詈雑言はなし！事実の適示と評論のみ！我に言論・表現の自由あり！

平本はSNSに、こんなものまで上げている！
junya.hiramoto
いいね！26件
junya.hiramoto ジャニーさん ありがとうございました！
「ジャニーさん ありがとうございました！」
それがなぜ、いま被害者の代表と副代表なんだ？
「35年かかった」って、いつから35年だ？
それだけじゃない。平本はこんなにジャニーズ本を出している。
ジャニーズ&芸能界の不思議な世界
平本淳也の GOSSIP×GOSSIP
10年分！
ジャニーズおっかけマップ
ジャニーズファン必須アイテム
ジャニーズ歴代タレント名鑑
★おっかけマニュアル
★ジャニーズの入り方
少年愛の館
ジャニーズのすべて
平本淳也
多くはいわゆる「暴露本」だ。なかでも「監修」として出した『おっかけマップ』は、ジャニーズタレントらの自宅や実家の所在地を地図や写真付きで町名まで掲載し、タレント本人のみならず、その家族、関係者にまで多大な迷惑をかけた本で、この件に関してジャニーズ側は出版社とその社長を相手に訴訟を起こし、勝訴した。

人権、人権と言う人たちは、自分が「罪人」とみなした人物の人権は完全に踏みにじってもかまわないと思っている。そして、たとえそれが冤罪だったと証明されても、絶対に謝らない。しらばっくれて、正義ヅラを続ける。この偽善者こそが、本当の悪だ！ 怒りを込めてブログマガジン小林よしのりライジング配信中！！

だが、平本は訴えられなかった。こんなことをした人間は「出禁」でも当然なのに、ジャニー喜多川の「お別れの会」にも参列している。
明らかに温情をかけてもらっていたのだ。
J
だが平本は、その恩を仇で百倍返ししたのである。
しかも平本は暴露本を書く一方で、他のウェブ記事ではジャニーズやジャニー喜多川の素晴らしさを讃えまくり、「ジャニーズの入り方」を指南し、実際に自分の弟をジャニーズに入れてもいる！
ジャニーズが性被害の場所なら、普通、自分の弟を入れるか？
【ジャニーズの入り方】オーディション内容や応募方法の裏ワザ｜平本淳也のジャニーズ社会学
ジャニー喜多川
ジャニーズ
こんなのが被害者代表と言っても、あまりにも疑惑が多すぎる。
平本は自分への「名誉毀損」に対して、刑事告訴をすると脅しているが、ここに挙げたことはまったくの「事実」である。
なぜBBCの放送から4か月程度で、言うことが180度、変わったのか？
なぜ昨年、BBCに「被害に遭ってない」と言い、4年前には、ジャニー喜多川に感謝していた人間が、35年間ずっと被害を訴えてきたことになっているのか？
被害訴え３５年、ようやく動いた事態　元ジャニーズ Jr.の平本淳也さん
ツイート
写真・動画　動画　社会　事件　疑惑　エンタ
現在のジャニーズ事務所に伝
は一。　「ジャニーズ性加害問題
会」の代表、平本淳也さんは「
放ち続けて３５年、やっと事態
話す。平成元年から、
ズのすべて」などで、ジャニー
る性加害の告発を続けてきた。
訴訟をチラつかせ、「都合の悪い真実」を隠蔽しようとしても無駄だ。
SNSの時代には、証拠が残りすぎている。
【の入り方】オーディション
｜平本淳也のジャニーズ社

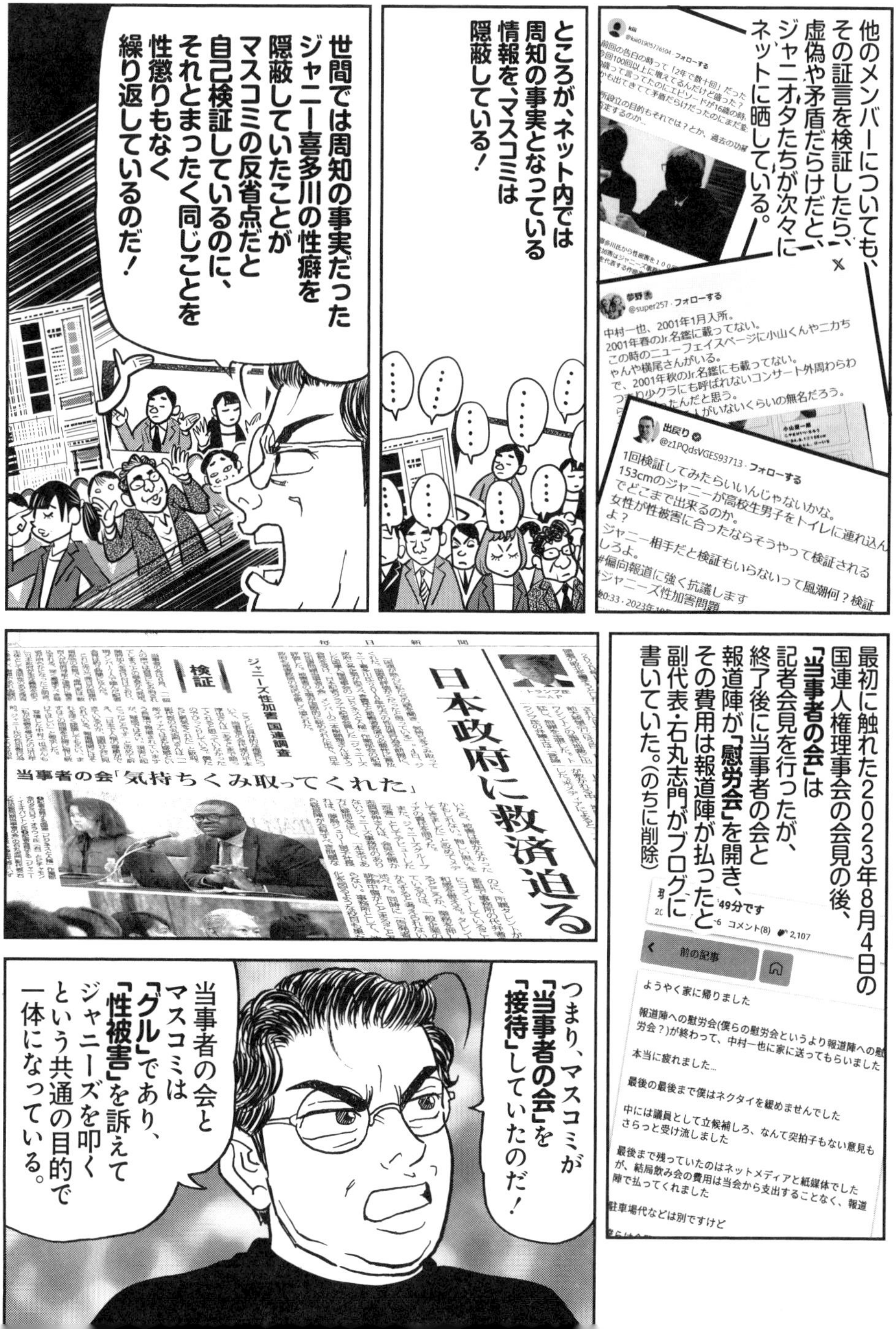
他のメンバーについても、その証言を検証したら、虚偽や矛盾だらけだと、ジャニオタたちが次々にネットに晒している。
前回の告白の時って「2年で数十回」だった
今回100回以上に増えてるんだけど盛った？
かも出てきてて矛盾だらけだったのにまだ
否定するのか…
夢野
@super257・フォローする
中村一也、2001年1月入所。
2001年春のJr.名鑑に載ってない。
この時のニューフェイスページに小山くんや二カちゃんや横尾さんがいる。
で、2001年秋のJr.名鑑にも載ってない。
出戻り
@z1PQdsVGES93713・フォローする
1回検証してみたらいいんじゃないかな。
153cmのジャニーが高校生男子をトイレに連れ込んでどこまで出来るのか。
女性が性被害に合ったならそうやって検証されるよ？
ジャニー相手だと検証もいらないって風潮何？検証しろよ。
#偏向報道に強く抗議します
#ジャニーズ性加害問題
ところが、ネット内では周知の事実となっている情報を、マスコミは隠蔽している！
世間では周知の事実だったジャニー喜多川の性癖を隠蔽していたことがマスコミの反省点だと自己検証しているのに、それとまったく同じことを性懲りもなく繰り返しているのだ！
最初に触れた2023年8月4日の国連人権理事会の会見の後、「当事者の会」は記者会見を行ったが、終了後に当事者の会と報道陣が「慰労会」を開き、その費用は報道陣が払ったと副代表・石丸志門がブログに書いていた。（のちに削除）
コメント(8)
2,107
前の記事
ようやく家に帰りました
報道陣への慰労会(僕らの慰労会というより報道陣への慰労会？)が終わって、中村一也に家に送ってもらいました
本当に疲れました…
最後の最後まで僕はネクタイを緩めませんでした
中には議員として立候補しろ、なんて突拍子もない意見もさらっと受け流しました
最後まで残っていたのはネットメディアと紙媒体でしたが、結局飲み会の費用は当会から支出することなく、報道陣で払ってくれました
駐車場代などは別ですけど
毎日新聞
日本政府に救済迫る
ジャニーズ性加害 国連調査
検証
当事者の会「気持ちくみ取ってくれた」
つまり、マスコミが「当事者の会」を「接待」していたのだ！
当事者の会とマスコミは「グル」であり、「性被害」を訴えてジャニーズを叩くという共通の目的で一体になっている。

BBCの番組はYouTubeで日本語字幕付きで誰でもすぐ見られる。
平本の発言が全然違うことは一目瞭然だ。
いくらなんでもマスコミだってわからないはずはない。
BBC
親は「ジャニーさんにお尻くらい提供しなさい（パシーン）」みたいな
マスコミは最初から「当事者の会」を御輿《みこし》に担いで、大きな権力と仮想したカルチャーを、キャンセル（消去）したかっただけなのだ。
マスコミは彼らに全面的に肩入れして、疑惑はすべて隠蔽し、疑惑を「バッシング」か「罵詈《ばり》雑言《ぞうごん》」と表現して人々をわざとミスリードする。
だが、実際は被害に遭ってないにもかかわらず、混乱に乗じて被害を訴えている者は「刑事告訴」ができない。
刑事裁判になったら「立証責任」を果たさねばならなくなるからだ。
証言が真実だと証明できないなら、彼らは被害者とは言い切れない。
たとえば六本木のホテルでジャニー喜多川に性被害を受けそうになった少年（17歳）は靴も履かずに逃げたので、ホテルの人に紙のスリッパを借りて横浜の自宅まで3〜4時間かけて帰ったと証言している。

『当事者の会』のなかには本当に被害を受けた者もいるだろう。だが、損害賠償を求める以上、それなりの信用を得なければならないのは当然だ。

この1か月前のインタビューでは、「布のスリッパ」で、「夜10時ごろ飛び出して朝方着いた」と言っているから証言が変わっている。
六本木から横浜まで紙のスリッパで3〜4時間はまず無理！大人でもひと晩で歩くのは不可能な距離だ。
靴も履かずにパジャマで外に飛び出す少年にスリッパを貸すか？
ジャニオタは「当事者の会」メンバーが行った証言の矛盾を突き、疑惑を次々にSNSに上げている。
ところがマスコミは証言を疑わず、検証せず、まんま垂れ流している。
マスコミの頭の悪さは度外れていて、ジャニオタに負けている。
そもそもジャーナリストがいないのだ。
ジャニーズを誇りにし、30年間、食ってきた男が、2023年、たった4か月で、被害者に変節した！
それを疑わない奴がジャーナリストと言えるのか？
「当事者の会」は、最近「補償金」の金額のことばかり言い出した。
過去の判例に倣って算出した金額じゃ足りないのか？

マスコミも、ジャーナリストも、知識人も、すべて劣化した。慰安婦問題と同じなのに、ジャニーズ・ファンしか、疑惑を指摘できない。情けない国になったもんだ。

お金目当てと思われてもいい！
…と力強く断言する者までいる。
なるべく多く金をふんだくることが再発防止になるそうだ。
刑事裁判を避け、立証責任を果たさず、金だけは判例以上にもらってやる？
法治主義を徹底的に無視するのなら、ただのタカリになってしまう。
「スマイルアップ」に自分も入れろ」とか、「新会社に将来入る利益も、自分たちに配当しろ」とか、
彼らの要求には、もう歯止めがかからない。
ごーまんかましてよかですか？
こんな異常なふるまいをしても、マスコミは「当事者の会」を擁護している。
彼らは「正義」の旗が欲しいだけで「真実」は要らないのだ！

ゴーマニズム宣言
SPECIAL
日本人論

第6章 人権vs文化という構図

ジャニーズ問題には「人権vs文化」という対立の構図がある。
人権と文化が対立したらどちらを選ぶか？
マスコミと知識人と大衆は、「人権」を選んで、「文化」を消滅させることを選ぶ。
それほど「人権」は世界の絶対的価値だと妄信している者が多い。
だがわしは「人権」よりも「文化」を選ぶ人なのである。
わしは「人権」を、国境を超える価値だと思っていないし、
「文化」は国の歴史の土壌で花開く大切なものだと思っているから、わしは「文化」を選ぶ！

「誹謗中傷」という言葉は安易に使っていい言葉ではない。その底意に「辛辣な批評・批判も許さない」という本音が潜んでいるからだ。「誹謗中傷」と「批評・批判」の区別をつけているか？

「文化」は国の歴史の土壌から萌芽し、根を張って生きている。
日本における「芸能」という文化は、神話の時代から性風俗と結びついて発展してきた。
「慣習法」という明文化されていないルール感覚も文化であり、日本の長い歴史のなかで、性に対する多様性と許容度が微妙に計られていた。
江戸時代の男色文化も陰《かげ》間《ま》茶《ぢゃ》屋《や》も文化である。
芸能という文化は、「表現の自由」がない国や宗教的制約が強い国では豊かに育たない。
北朝鮮・中国・アラブなどを見ればわかる。
日本は昔から「表現の自由」が他国に比べて広い国だった。
芸能という文化のなかで、男性アイドルグループというジャンルは、ジャニー喜多川が確立した。
ところがジャニー喜多川が少年たちに「性加害」をしていたという「ウワサ」があり、事実か否かが刑事裁判で立証されぬまま、
BBCの報道から4か月後、「性被害」を証言する者が続出するようになった。
BBC
親は「ジャニーさんにお尻くらい提供しなさい（パシーン）」みたいな
それは「人権真理教」の左翼活動家の戦略である。
アメリカの左派をマネた「キャンセル・カルチャー」という革命運動が日本で再現されたのだ。

「批評・批判」を潰したいと考える連中は、「全体主義」が破綻するのを恐れる。「誹謗中傷」のプロパガンダは、「言論の委縮」を招く。わしは今、その「言論の委縮圧力」を感じながら「言論の自由」のために戦っている。

子供の「人権」を正義の御旗にして、左翼(リベラルを含む)はジャニーズという「文化」をキャンセル(消滅)させてしまった。
「ジャニーズ」という社名も消滅させ、過去に遡ってジャニー喜多川の「痕跡」を消し去った。
歴史を変えようというのだ。
Johnny & Associa
加害者(とされる)喜多川はとっくに死去していて、亡霊でも出ない限り、性加害が再発されるはずもないのに、現在活躍中のタレントがその責任をとって、仕事を失う羽目になっている。
vanson
「性加害者」を過去に遡ってキャンセルするこの極左運動は、グローバリズム(欧米基準)の風潮に乗って、企業がジャニーズCMをボイコットすることで、決定的に達成された。
テレビとCMを生命線とする企業の弱みである。
普段はグローバリズムを批判していた知識人も、「人権」だけは国家を超えるイデオロギーとして容認しているのが驚きだ。
人権は国家を超える価値としていいのか？

わしの『日本人論』はもちろん「キャンセル・カルチャー」批判である。もっと痛烈に描いてもいいものだと思っている。これが見当はずれな論考かどうかは、『日本人論』が完成してから評価してもらいたい。

最近「当事者の会」は、新たな社名で出発する新会社の利益も、自称被害者の補償に充《あ》てるべきと要望している。
新会社といえども、ジャニー喜多川氏の遺産の基に成り立っているからだそうだ。
スマイルアップと「当事者の会」が協力して、被害者救済・補償を行う委員会をつくり、そこに自分たちが関わりたいと要請も出している。
事務所
社名変更
SMILE-UP
(スマイルアップ)
今後は、被害者ビジネスで食っていくつもりだと疑われても仕方あるまい。
法治主義を無視して「被害者」になった者は、法を自分たちでつくれると思い込めるようだ。
しかし、ジャニーズで成功したタレントは、辞めジャニだって、喜多川氏の「痕跡」にならないのだろうか？
滝沢秀明は特に喜多川のお気に入りだったし、「TOBE」にだって飛び火してこないのだろうか？
ジャニーズで成功したタレントは、木村拓哉だって偏見にさらされている。
タレント本人の才能や努力を無視して、排除されてしまうジャニーズ出身の成功者・スターこそが気の毒でならない。
彼らこそ、「差別」「名誉毀損」「人権侵害」を受けているのだが、マスコミも大衆も誰も気にも留めていない。

ひたすら「自称被害者」を英雄に祭り上げるマスコミは不健全である！
結局、マスコミは「弱者のルサンチマン」が大好きな左翼なのだ。
弱者のルサンチマンは、「革命の原動力」である。
わしは「薬害エイズ運動」で、子供たちを助けたときも、「人権」という言葉を使わなかった。「人権」はイデオロギーなので嫌いなのだ。
イデオロギーに頼らず、あくまでも「情」による個の連帯を目指した。
わしは今のジャニー喜多川の自称性被害者に、まったく「情」が湧かない。
あんなオッサンを「かわいそうに」と抱きしめたい奴がいるのか？
わしには絶対無理だね！
「人権」という言葉は、フランス革命後の「人権宣言」から出てきたのだが…

原文は「Déclaration des Droits de l'Homme et du Citoyen」であり、「Homme」は男性、「Citoyen」は市民ではなく、兵士と訳すのが正確だ。

イデオロギーとプロパガンダで言論を萎縮させようとするマスコミに徹底抗戦するブログマガジン
小林よしのりライジング配信中！人間の理性には限界がある。その見本がサヨクリベラルだ！ニコニコ
チャンネル入会で、大好評の月イチスペシャル生放送『歌謡曲を通して日本を語る』も視聴できます！

フランス革命以後、「国民」という概念が出てきたのであり、兵士になって国のために戦う者を、当時は「Citoyen」＝市民と呼んだ。
「Déclaration des Droits de l'Homme et du Citoyen」は「男と兵士の権利の宣言」と訳す。
あくまでも「Homme」＝男である。「Femme」＝女は書かれていない。
人権と言うが、「男」の権利が認められたのであり、「女」の権利は認められていなかった。
それを不平等だと主張したのは、オランプ＝ド＝グージュという女性で、ロベスピエールを批判して、「反革命」の容疑で逮捕され、ギロチンにかけられて処刑された。
「人権」という概念は最初から恣意的で、女は人間ではなかったのである。
生まれつきの権利が人間にあるというなら、犬や鳥や豚や牛や女にはなぜその権利がないと見做されたのかといえば、しょせんキリスト教の価値観が出発点だからだ。

先日開催された「ゴー宣道場」『愛子さまと悠仁さま』では、お二人が背負う宿命や未来について真剣な議論が行われました！今回の『ゴー宣』のテーマである「人権」や「文化」とも深く関係する議論！まだご覧になっていない方、そして参加された方も、ぜひアーカイブ動画をご覧になって「自分事」として考えてみてください！

神（GOD）は自分の似姿でアダムを生み、アダムの肋骨から女をつくった。
女は男のついでに生み出されたものだから他の動物たちと同じ扱いだったということだろう。
ジャニーズ問題には、「人権vs文化」という構図がある。
キリスト教から生まれた「人権」は国家より上位の価値と考える左翼たちが「キャンセル・カルチャー」を仕掛けた！ジャニーズが生んだ男性アイドル文化なんていつ消滅してもいいという認識しかないのだろう。
わしは人権を真理と思っていないし、子供を「天使」と見てはいない。
わしは子供の中にも野心や出世欲があって、ジャニーズで成功したけりゃ、「枕営業」くらいやってしまうしたたかさを持っている者もいると思っている。
僕、そこまでやられてないんで。
だから被害にも何にも遭ってない。
親は「ジャニーさんにお尻くらい提供しなさい、パシーン」みたいな。
自分の弟までジャニーズに入れたところを見ると、この言葉は実にリアルな「枕営業」の言葉である。

『ゴー宣』は今まで常に世の中の圧倒的多数の意見に抗って描いてきた。そのせいで常に「全体主義に従え」という圧力は受けてきた。時には裁判沙汰になり、時には暗殺される寸前の危険も経験した。だがわしは単に「王様は裸だ」と指摘してきたに過ぎない！

わしは「枕営業」を笑い飛ばせる男の子は「強い」と感心する。
だが、なかには純粋すぎて本当に傷ついた男の子もいたのだろう。
それを思えば、道徳的にはジャニー喜多川に悪があったことは否定できない。
だが道徳的悪で、文化をキャンセルするのは巨大な社会的悪である。
vanson leathers
わしは「人権vs文化」なら、文化のほうが大事と考える愛国者だ。
グローバリズムは欧米基準のルール感覚である。人権はグローバルな価値基準だというのは大嘘で、スーダン等で行なわれている女性の割礼や中東のブルカは「人権」など無視しており、今も続く文化(因習)だが、キャンセルされていない。
アメリカだって「堕胎」に反対する州と賛成する州がある。
日本だって年間10万人以上が堕胎して、子供の人権を奪っている。
ごーまんかましてよかですか？
国の歴史が育み、醸成してきたものが「文化」である！
欧米基準の「人権イデオロギー」で、国の文化を一個もキャンセルさせてはならない！

ゴーマニズム宣言SPECIAL 日本人論 第7章

〈証言〉を鵜呑みにして冤罪をつくる奴ら

2023年11月22日配信　小林よしのりライジング Vol.486より加筆・修正

「証言」というものは、本当に扱いが難しい。
扱いを誤ればとんでもない事態を招く、非常に恐ろしいものだ。
だが、その自覚を一切持っていない者が多すぎる。
それがもっとも恐ろしいことである。

草津温泉で有名な群馬県草津町。この人口6000人余りの平穏な町に令和元年（2019）11月を境に、大騒動が巻き起こった。
当時、草津町議会議員を務めていた新井祥子という女性が、町役場の町長室で町長の黒岩信忠氏から性交渉を迫られ肉体関係を持ったと、突如として「証言」し始めたのだ。
突然の告発はまず、飯塚玲児というフリーライターが自費出版した電子書籍『草津温泉　漆黒の闇5』の中で公表された。

そして、これに連動するかたちで記者会見を開いた新井は、町長からいきなりキスされ、床に押し倒されたなどとして、「町に住む弱い女性の立場をもっと尊いものにするため、町長を告発することにした。最終的には町長の辞任を目指す」と主張する。

一方、加害者と名指しされた黒岩町長は事実無根だと反論。新井と飯塚を名誉毀損で刑事告訴し、総額４４００万円の慰謝料や謝罪広告の掲載などを求める民事訴訟も起こした。

先に挙げた告発本には、性加害が行われたとする日時は「２０１5年1月8日の午前中」と明記されている。だが、役所に残っていた記録を見返すと、その時間に町長室で黒岩町長が新井町議と会う旨を記したアポイントの記載はなかった。しかも1月8日の午前中は、年始の客がアポなしで町長室に押しかけるため対応に大わらわだ。仕事始めで職員との打ち合わせも次々に入ってくるし、とても男女が二人きりで親密な時間を過ごせるような状態ではなかったことが容易に想像できるだろう。

そして何より、町長室の扉が常に開けっ放しになっていたことも後に明らかとなっている。これは、草津町付近には二つの活火山があり、いつ緊急事態が起き

ライターの飯塚玲児氏が自費出版した電子書籍『草津温泉　漆黒の闇』シリーズ。新井祥子元草津町議による虚偽の告発が掲載された「5」は、黒岩信忠草津町長から名誉棄損で訴えられた飯塚氏が敗訴し、現在購入できなくなっている

てもすぐに町長室を対策拠点として活用できるよう、打ち合わせ中でも職員が自由に入ってこられるよう事前に取り決めがなされていたようだ。

しかも、町長室は応接室、副町長室、総務課が隣接するなど何かあったら誰でも気づくような位置関係で、草津町交番や商工会館からも部屋の中の様子は丸見えの状態であった。

つまり、新井が被害を受けたと主張する部屋は〝ガラス張り〟も同然で、性交渉などできるわけがなかったのだ。

しかも、明らかに荒唐無稽な証言であったのに加えて、その内容はコロコロと変遷していく。

実は、新井は最初の告発をした電子書籍のなかで「黒岩町長を本当に好きになってしまった。町長室で二人きりになった時、私の気持ちが通じた時には本当に嬉しかった」と書いており、身体を求められて嬉しい反面、不安や複雑な気持ちを感じ、拒んだら町長の気持ちが離れてしまうので受け止めるしかなかった、とまで言い及んでいたのだ。

ところが、この本を出して間もなく行われた記者会見やメディアの取材では、なぜかこの主張が「強制的な性被害を受けた」と一変する。

さらに新井は、町議会の本会議場で突然、「私以外にも数名の性的被害を受けた女性がいる」と言い始め、これに対し町長が、「どこの誰か？　いつのことか？」と質しても、「プライバシーの侵害になるので言えない」と何ひとつ明らかにしなかった。

また、町長室で関係を持つのは、状況的にも物理的にも不可能であることを追及されると、「町長が部屋の模様替えをして証拠隠滅した」などと反論。実際には模様替えが行われていないことなど、過去の写真を確認すればすぐ明らかになるにもかかわらず、そんな苦しい言い訳を繰り返している。

さらに、新井が行った以下の主張は特に問題となった。

「この町では女性はまるで〝モノ扱い〟です。有力者や宿の主人の愛人になるというのも昔からよくあることですし、愛人になれば、湯畑まわりのいい場所にお店を持たせてもらえるとか……。女性のほうにも問題はあるのかもしれませんが、そうせざるを得ない雰囲気がこの町にはあります」

おそらく、「女性の地位がこれほどまでに弱いから町長の求めを拒めなかった」

黒岩信忠草津町長は、新井元町議の虚偽の主張に対し一貫して「事実無根」であると主張。被害を訴えるだけで、警察には一向に被害届を出さなかった新井元町議に、「（事実なら）強制わいせつ罪で訴えなさい」と反論していた

と言おうとしたのだろう。
だが、これは黒岩町長のみならず、草津町で働く女性に対する大変な侮辱だった。草津でいい場所に店を出している女性は「有力者の愛人」だと言っているのも同然なのだから。
そして、これをきっかけに草津町民は、新井に対して圧倒的な不信感を抱き始めたようだ。
新井は町議会に黒岩町長の不信任決議案を提出したが、賛成したのは中澤康治という町議一人だけで、反対多数で否決。逆にその際の発言が「議会の品位を傷つけた」として懲罰動議が発議され、新井は失職した。
しかし新井は群馬県に異議申し立てを行い、県がこれを認めて復職させたため、改めて新井に対するリコール（解職請求）運動が開始されることになった。
すると署名収集期限を半月以上残して、リコール発議の必要数を1500人近くも上回る3292人分の署名が集まり、これを受けて令和2年（2020）12月、リコールの是非を問う住民投票が行われた。
ちなみに、これらの過程で、性被害の告発とは別にそもそも新井が住所を偽っ

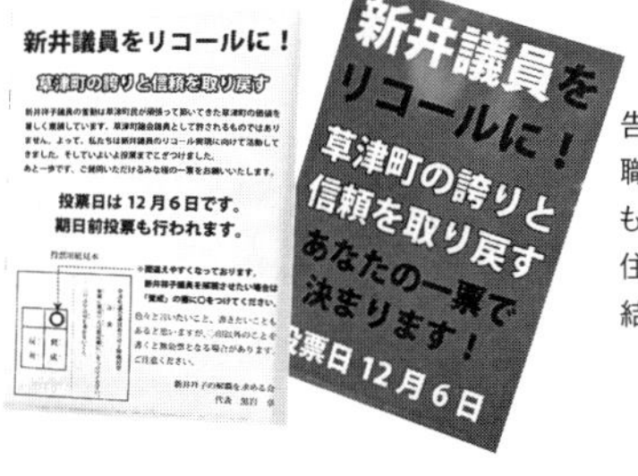
新井議員をリコールに！
草津町の誇りと信頼を取り戻す
投票日は12月6日です。
期日前投票も行われます。
新井議員を
リコールに！
草津町の誇りと
信頼を取り戻す
あなたの一票で
決まります！
投票日12月6日
告発騒動後、新井元町議は懲罰動議にかけられ失職。その後、群馬県に処分取り消しを求め復職するも、これがリコール運動に発展した。解職が決まった住民投票後も新井側は県選管に無効を申し立て、結局、最高裁まで争ったが主張は退けられた

ており、草津町に居住実態がないという新たな事実も判明している。
そして投票の結果は、リコール賛成が有効投票の9割以上を占める２５４２票、反対は２０８票で、新井は即日失職した。

かくして、地元においてはこの問題は終息したはずだった。

ところが、本当の騒動はここから始まる。

なんと新井は、失職から間もなく日本外国特派員協会で記者会見を行い、「黒岩町長が私をレイプしたことは事実です」と主張したのだ。

告発当初「町長を本当に好きになってしまった」と言っていた証言が、ついに「レイプ」にすり替わった瞬間だった。

しかもこの会見では、例の「草津町では女性は〝モノ扱い〟。女性は権力者の愛人になれば湯畑まわりで店を持たせてもらえる」という発言が再び飛び出す始末……。

こんなお粗末な経緯であったのに、海外メディアはもちろん、日本のマスコミまでが事の真偽を確めることなく、ただ言われるがままに新井の主張を報じた。

「女性の町議が勇気を持って性被害を告発したにもかかわらず、それをもみ消そうとする町長や町議会、町民たちによって、職を追われてしまった」というストー

令和2年（2020）12月18日、リコールに伴う住民投票で失職した新井元町議は、外国特派員協会で記者会見を強行。会見では「性被害は事実」「リコール以前から、私や私の支援者には中傷やデマなどの圧力がかけられていた」などと主張した

リーが作り上げられ、これが一方的に海外にまで広く流布されることになる。
米紙ニューヨーク・タイムズは「彼女が町長からの性暴力を訴えた後、その町は彼女を攻撃した」と題した記事で、こう書いた。
「この事案は、日本で性暴力被害を告発する女性が直面する困難を浮き彫りにしている。日本では、こうした被害を訴え出ることは極めて少なく、オープンに議論されることはめったにない」
また、英紙ガーディアンは「彼女の苦境は、日本の地方や国の政治における男性支配を浮き彫りにした」と報じた。
どちらも新井の証言の裏取りもせず、日本社会に対する批判ありきで書かれている。英米人にとってみれば、日本は権力をカサに着て常習的に性暴力を振るう政治家が牛耳っている野蛮国で、女性は声も上げられないということにしておきたいだけで、それが真実かどうかなんてことはどうでもいいのだ。
わしが草津町の件について知ったのも、この記者会見を鵜呑みにしたテレビのワイドショーでだった。
しかし、わしは最初に見たときから大きな違和感を覚えていた。

なぜなら、被害を訴えている女性がネット上で、「ものすごいブス」であるという噂で持ちきりだったからだ。

ブスであるかどうかは別にして、確かに会見を見る限り言っていることが支離滅裂で、挙動も明らかにおかしい。これを見た多くの人が、名誉ある地位にある町長が「多大なリスクを冒してまで関係を迫るような相手とは思えなかった」というのも十分頷ける。

もちろん、これはネットゆえの〝偏見〟に基づく暴論と言えよう。匿名性が担保された安全な場所以外でこんなことを言ったら、すぐさまフェミから「ルッキズム」だの何だのと徹底糾弾されて、たちまち炎上するのは目に見えている。

実際、失職前に新井が町議として被害を訴えた議会でも、傍聴席から「こっちにだって選ぶ権利あるんだよ」「誰があんな女と」「犬だってしねぇよ」というヤジが飛び交い、フェミはこれを取り上げて草津町民を非難していた。

なかには「(性被害が) 本当なら町長はニワトリだ」とヤジって、「コケコッコー！」と言って笑っていた者もいたという。証言が本当なら、性行為に及んだ時間が短すぎて、町長はニワトリ並みの「早漏」という意味のようだ。

確かにこのヤジ自体は品がないと言える。だが、このような結果が出た以上、偏見のほうが完全に正しかったとしか言いようがない。フェミを自称する知識人はこの厳然たる事実を否定できるのか？
偏見だって、重要な判断材料なのである。

しかしながら、この騒ぎは国内外で一方的に報じられ、地元の実情をまったく知らないフェミの議員や「識者」、活動家らが、次々と草津町を非難する声を上げた。

作家の北原みのりは朝日新聞の「ＡＥＲＡ dot.」で「まるで現代の魔女狩り？ 性被害を訴えた草津町議会女性議員のリコール」（令和2年11月25日配信）、「殺気だつ草津町傍聴席『犬だってしねえよ』セクハラを背中で浴び続けた気分になった」（令和2年12月3日配信）、「性被害を告訴した元草津町議の女性が会見 会場の関心と＃ＭｅＴｏｏのズレに衝撃を受けた」（令和3年12月15日配信）と3回にわたって批判記事を書いた。

東京新聞の〝望月ソーセージ衣塑子〟はＴｗｉｔｔｅｒ（令和2年12月7日投稿）で、「事実が確定してない中で女性町議への嫌がらせ。あり得ない。最悪だ」と罵倒した。

社民党党首・福島みずほは、Ｗｅｂ番組（みずほチャンネル『今夜もフェミテレビ』（令和2年12月13日配信）で、「町長や議長やそういう権力者が、その女性

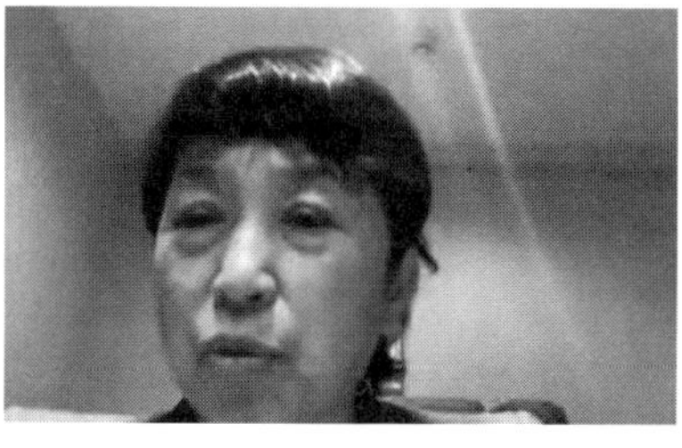

社民党党首の福島瑞穂参院議員が開設したWeb番組「みずほチャンネル『今夜もフェミテレビ』」。毎回、ゲストを招き、複数分割の画面で配信されていた。18回の配信の後、令和4年（2022）5月以降は更新がストップしている

を排除・潰すためにリコールを使っているっていう感じ」「共同体の中でこういう風に公開処刑じゃないけどいじめが、しかも公然と行われる」「ミソジニー、女性差別・女性嫌悪が、もうほんとに集団として起きているっていう感じがする」などと発言。

東京大学名誉教授・上野千鶴子は、議会関係者の雑誌『地方議会人』（令和3年5月号）で、新井がリコールされて失職したことを「やるべきことが間違っているであろう」「被害者を議会から追い出すとは本末転倒だ」と非難した。

また、「全国フェミニスト議員連盟」は黒岩町長や議長らに抗議文を送付。日本共産党のしんぶん赤旗も、完全に新井が被害者であるとの前提で「性暴力を訴えると排除される社会を変えよう」とする記事を掲載した。他にも無条件に新井の証言を信じ、黒岩町長と草津町民を責め立てる論者は枚挙に暇がなかった。

地元では、新井に味方する唯一の町議・中澤康治を会長に「新井祥子元草津町議を支援する会」なるものが結成され、新井の証言の真偽を検証することは「セカンドレイプ」だと盛んに唱えた。

こうして「女性の勇気ある性被害の告発をみんなで潰そうとしている。草津町は『セカンドレイプの町だ』という主張がネットなどでたちまち拡散することになる。

なかには、「セカンドレイプの町、草津」と書かれた看板をフェミニストたちが掲げ、新井自身がその中心に立ち「町長は権力の濫用をヤメロー！」と叫ぶシーンもあったようだ。

草津町役場周辺では「町長出てこい！」「町長ヤメロ！」と街宣をかけられたこともあった。

SNSでは「2020年12月10日、午前3時34分から午後4時33分の間に草津町の公施設を攻撃する。またリコールに賛成を投じた者を暴力団の拳銃で射殺する」といった書き込みもあり、愉快犯とは思われるものの、不測の事態に備えて厳戒態勢を敷かざるを得ず、その日は町内の認定こども園や小中学校が臨時休校を余儀なくされた。

SNS上は「ネットリンチ」の場と化し、「草津町に『行くのをやめよう』キャンペーン」が展開され、「いつレイプされるかわからない」といった風説で溢れ返り、その損害は計り知れないものとなった。

一方、騒動を巻き起こした張本人の新井は記者会見などで「レイプされた」と言っておきながら、警察には相談せず、被害届も出さず、刑事告発も民事訴訟も提起していなかった。

そのことを質されると、新井は「警察は信用できない。裁判ですべてを明らかにする」と答えたが、これもまったく変な話と言わざるをえない。

当時行われていた裁判は、黒岩町長が新井を訴えた名誉毀損訴訟であり、被害を受けた事実を明らかにするというのなら、自分が裁判を起こさなければおかしいのだ。

こうして地元町民の新井に対する不信感、反感は高まっていくなか、新井は記者会見で「レイプされた」と発言してから1年も経った令和3年（2021）12月、ようやく町長を刑事告訴するに至る。

ところが告訴の罪状はレイプを罪とする「強制性交等罪」や「準強制性交等罪」（現在の「不同意性交等罪」）ではなく、性交渉を伴わない「強制わいせつ」で、またもいつの間にか話がすり替わっていたのだ。

そしてこの告訴を前橋地検は門前払い。わずか10日程度で不起訴とした。

黒岩町長は逆に新井を「虚偽告訴罪」で告訴。前橋地検は令和4年（2022）

10月、新井祥子を「名誉毀損罪」と「虚偽告訴罪」で在宅起訴した。
名誉毀損罪は最高刑が懲役3年で、罰金刑の選択もでき、初犯なら執行猶予がつくことも多いのに対して、虚偽告訴罪の最高刑は格段に重い懲役10年で、罰金刑はなく、一発で実刑もありうるという重いものだ。
そのため検察も虚偽告訴罪の立証には慎重で、「嫌疑不十分」として不起訴処分にすることが多く、虚偽告訴罪の起訴率は数パーセントにすぎないという。
それだけに検察が虚偽告訴罪での起訴に踏み切ったのは異例で、これは相当に立証に自信を持っていることの表れといえる。
虚偽告訴罪での起訴は、新井の支持者には決定的打撃となった。
最初に電子書籍で新井の証言を公表したフリーライターの飯塚玲児は、自身も名誉毀損罪で在宅起訴され、ブログで町長に謝罪する旨の声明を発表。電子書籍の販売を打ち切った。
また、「新井祥子元草津町議を支援する会」は解散を表明。会長の中澤康治はＦａｃｅｂｏｏｋ上で、町長とその家族・支援者、そして草津町民に謝罪した。
すると新井は「康治さん他、皆さんには、感謝の言葉しかありません。本当に有難うございます」と返信。
この態度に同会副会長の活動家・増田都子は逆上して、「いいかげんに恥を知

新井祥子元草津町議を支援する会
グループに参加
シェアする
ディスカッション
注目
メンバー
イベント
メディア
ファイル

FBに開設された新井元町議を「支援する会」のページ。最後のエントリーは、虚偽の告白本を書いた飯塚玲児氏に有罪判決が下されたことを受け、会の副会長を務めた増田都子氏が「草津町エセ性被害者・新井祥子被告人の共犯者は懲役1年執行猶予3年の判決でした。妥当なところでしょう！」と綴っている

りなさい」「おまえは『私の嘘を信じて騙され続けた康治さん他、皆さんには感謝』と書いているんだよ」「いったい、どこまで恥知らずなんだ⁉」と罵倒した。

自分も新井に騙された被害者だとでも思っているようだが、そんなことを言える立場か⁉

そして令和5年（2023）11月1日、前橋地裁で行われた民事訴訟の口頭弁論の本人尋問で新井祥子は、書籍に記した町長との肉体関係はなく、性被害を訴えた記者会見の内容も虚偽があったと初めて認めた。

ついに本人自ら、嘘をついていたことを認めたのだ！

ところが、この重大ニュースをマスコミはほとんど報じなかった。

ワイドショーで新井の主張を垂れ流したテレビなどは、黒岩町長や草津町民に対して十分な名誉回復が行われるまで報道し、謝罪しなければならないはずで、それをやらないのは犯罪行為に匹敵すると言っていい。

黒岩町長は上野千鶴子とその文章を掲載した雑誌に抗議文を送付したが、上野は「謝罪しない」の一点張り。雑誌は「軽率だった」とはしたが、記述に問題があったとは認めていないという。

他の政治家も知識人も、誰一人として謝罪していない。

ブログやＦａｃｅｂｏｏｋで謝罪したところで、それまでに与えた損害に比べれば、ほとんど無意味に等しいが、それでも謝罪した者はまだマシという有様である。

新井が嘘をついた理由について黒岩町長は、草津温泉にあった「時間湯」という湯治の活動や運営に、利権が絡んだ不明朗さがあり、湯長制度を廃止したことなどから、これを恨んだ「時間湯」存続派が仕組んだものと推測している。もっともそれが正しいかどうかはわからないし、関心もない。

何よりも問題なのは、自称被害者が声を上げさえすれば、何ひとつ証拠がなくても「勇気ある告発」などと称え、その証言の信憑性を確かめようとするだけで「セカンドレイプだ！」として封じてしまうマスコミらの体質である。

なかには新井について、今なお「まだ虚偽告訴で起訴された段階であり、事実は確定していない」と開き直る者までいる。

黒岩町長に対しては、起訴どころか告訴もなく、真偽のほども定かではない「証言」しか出ていない時点ですっかり事実が確定したかのように責め立てていたくせに、一体、どの口が言うのだろうか？

こんなダブルスタンダードを平然と使える者に、公の場で発言させては絶対に

「時間湯オフィシャルサイト」のページを覗くと、「彼女は今の草津町の証言者たちがいなくなり始めたら本を出版し、南で政治に返り咲く計画を立てているそうである。私は逃がさない」などと、今も新井元町議への恨み節が書かれている

いけない。

ごーまんかましてよかですか？

真実の追求にはまったく興味がなく、ただ「正義」の快感に酔いたいだけの偽善者が、「被害を訴えている者に味方すれば正義」という、バカとしか言いようのない単純なイデオロギーに狂った挙句、とてつもない悪を為したというのが、事件の全容である。

だが、偽善者は絶対に反省しない。そして、同じ人物がまったく同じことを現在ジャニーズ問題でやっているのである。

ゴーマニズム宣言SPECIAL 日本人論 第8章

偏見は大事である

2023年11月28日配信 小林よしのりライジング Vol.487より加筆・修正

「偏見はいけない」という言葉は、当たり前の道徳のように使われる。

「差別や偏見をなくそう」というように、偏見は「差別」とセットで使われることも多い。

「私の独断と偏見ですが」といえば、あえて一般性を無視して、自分の好みだけで話すけれども勘弁してねというエクスキューズになる。

しかし、「偏見」とはそんなに悪いことなのだろうか？

前章で草津町長の冤罪事件について論じたが、そのなかでわしはこの件に最初から違和感を持った理由として、被害を訴えている女性がネット上で「ものすごいブス」と話題となっており、町長が「多大なリスクを冒してまで関係を迫るような相手とはとても思えない」とする見方が思いのほか多かったことについて言及した。

そして、匿名性を確保できるネット空間では、偏見は時に暴走しがちであるものの、「偏見だって、重要な判断材料なのである」とした。

実際に、ここまではっきりした答えが出て、「偏見をなくそう」というリベラルどものほうが全員間違っていたことが明白になった以上、これを否定することなどできないはずだ。

そもそも、思想的にも「偏見」とは本来、マイナスの概念としてだけ捉えられていたものではないのである。

18世紀イギリスの政治家・政治哲学者で「保守思想の父」といわれるエドマンド・バーク（1729〜1797）にとって、偏見は「伝統」とさほど変わらないものだった。

バークはフランス革命に反対して『フランス革命の省察』（1790）を書き、その中で「偏見」とは自然な感情であり、大切にすべきものであると説いた。

英語で「偏見」は「prejudice」で、あらかじめ(pre)の判断(judice)という意味である。

最近の訳書では「偏見」の語のマイナスイメージを避けて「先入観」と訳しているものもあるが、やはりこれは「偏見」のほうが適していると思う。

エドマンド・バーク（英語:Edmund Burke　1729-1797）はイギリスの政治思想家・哲学者・政治家。「保守思想の父」として知られ、1790年に『フランス革命の省察』を上梓。イギリス庶民院議員として絶対王政を批判し、議会政治を擁護した

偏見とは、伝統や慣習といった先人の知恵によって「あらかじめなされた判断」をいうのである。

バークがこの本を書いた時代においても、偏見とは払拭すべきものであるというのが進歩的な知識人の考え方だとされていた。

そんななかバークは、「私はこの啓蒙の時代に、あえて次のように告白するほど不遜な人間だ」と自虐的な前置きをしたうえで、こう述べている。

「私たちは一般に、教育を度外視した感情で動く人間で、自分たちの古くからの偏見を丸ごと投げ捨てるどころか、それを心から大切にする。さらに恥ずかしいことに、まさに偏見であるからこそ大切にする。それもその偏見が長続きしたものであればあるほど、世に広まったものであればあるほど、いとおしむ」

「恥ずかしいこと」と言いながらも、堂々と「自分は偏見を大切にする」と宣言しているのだ。

さらにバークは「人が自分の理性だけを頼りに暮らし、それで取引するようなことを恐れている」と危惧する。

なぜかというと、「各人の中にある理性の蓄えなどそう多いものではないから」

と人間一人が自分の理性から得ている知恵の量などたかが知れており、それだけで物事を判断するのは危険だというのだ。

そしてバークは、「さまざまな国民とさまざまな時代を通じて蓄積されてきた共同銀行と共同資本を利用するほうがいい」と結論づける。ここでいう「共同銀行と共同資本」というのは、多くの先人たちが積み重ねてきた伝統であり、常識であり、偏見のことだ。

バークは、イギリスの思想家の多くは「こうした一般的な偏見を否定せず、偏見の中に生きている潜在的な叡智を掘り出すために知恵を巡らせる」と説明する。そして重要なのは、偏見の中から「潜在的な叡智」を発見することに成功した場合でも、「偏見の衣を捨てて、その中の裸の理性だけを取り出したりはしない」ということだ。

バークによれば、イギリスの思想家は「内側に理性を含ませながら偏見を維持するほうが望ましいと考える。というのも、理性を含む偏見は理性に行動を起こさせる動機になるし、そこに含まれている愛情によって永続するものになるから」だという。

わしは2年前
龍平や
原告少年たちが
仕事場に
やってきた
あの時の…
「情」の貯蓄で
今やっているのだ

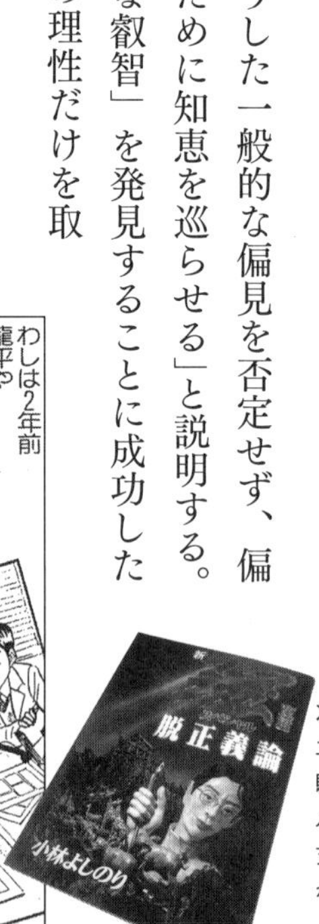
脱正義論
小林よしのり

次々と死んでいく子供たちへの「情」から薬害エイズ訴訟の支援運動に自ら参加し、その経験を総括した『新ゴーマニズム宣言スペシャル 脱正義論』(1996年・幻冬舎)。被害者支援団体の若者たちが左翼活動に取り込まれていく舞台裏を描いているたとえば、わしは「裸の理性」では薬害エイズ運動（1980年代の薬害エイズ事件を受けた大規模な訴訟運動）の支援はしなかった。「自分の読者である子供は守らなければならない」という「理性を含む偏見」こそが行動を起こす動機になったのだし、その偏見の中に含まれた「情」がある限りにおいて、運動を続けたわけである。

そしてバークはこうも言う。
「緊急のときも偏見はすぐに動き出す。偏見は精神を、叡智と徳の確固とした道へと向かわせる。そして決断すべき瞬間に人をためらわせたり、疑わせたり、困惑させたりしない。決断させないままにもしない」

これもまったく納得できる。

日常生活の中にだって、直感的に「なんだかあの人、怪しい」と察知できる感覚がないと危険ということはある。ちょっと目つきがおかしいとか、挙動が普通じゃないとか、なんか嘘をついているような気がするとか、はっきりした理由はなくても感じてしまう予感みたいなものが、後になってみたら正確に本質を見抜いていたということはよくあるもので、それは危機回避のために大切な感覚なのである。

偏見とは人が失敗したり、危ない目に遭ったりしないためにあらかじめセットされている警戒心であり、それはほとんど脊髄反射のように作動するものなのである。

そのうえでバークは、こうも言う。

「偏見があることでその人の徳は習慣になり、その人の義務は本人にとって自然な本性の一部になる」

人間とは自分一人の理性で行動しては誤りやすく、か弱いものである。過去から蓄積された偏見があってこそ、人には知恵と美徳がもたらされ、その行動は脈絡のない行為の連続に終始することはなく、社会の熱狂を防ぐこともできるとバークは考えていた。

もちろん、伝統的な偏見ならば何にでも従うべきだというわけではない。従うべきなのは先人たちの知恵を内包して、一定の合理性を伴った偏見であり、バークはこれを「正しい偏見」(just prejudice)と表現している。

そしてほとんどの場合、伝統的な偏見はそういう正しい偏見であり、伝統的な偏見に従うほうが個人の理性に従う場合よりもうまくいくことが多いとバークは主張したのだ。

そしてバークは、フランス革命を支持する知識人らを辛辣に批判するが、それがまるで現在のサヨクリベラルに対する批判のようで、驚いてしまう。

「フランスの文筆家や政治家、そしてイングランドの啓蒙主義者はことごとく、このことについて根本的な思い違いをしている。彼らは他者の叡智を尊重しない。ところが自分の叡智には全幅の信頼を抱く。彼らにとって物事の古い仕組みは、古いというだけでもう十分破壊する動機になってしまう。一方新しいものについては、急いで建てた建物がどのくらい長持ちするかなどまったく気にかけない。というのも自分の時代の前には何もなかった、あるいはほとんど何もなかったと考えていて、新しく発見できるものだけに期待を抱くからだ。長続きさせることは目指していないのだ」

他人の意見を一切聞かず、自分の主張が無謬《むびゅう》であるかのように思い込んでいる。既存の体制に対しては破壊衝動しかなく、その後に永続するものを建設するということには関心もない。まさに現在のサヨクリベラルそのものではないか。

さらにバークはこう続ける。

「彼らは一貫して、永続性を備えたものはすべて有害だと考えていて、すべての既存の制度に妥協のない闘いを挑む。政府など衣服の流行のように着せ替えがきくもので、また着せ替えてもほとんど害はないと考える。憲法には愛着を持てるような原理など要らないし、せいぜいその時点で便利だという感覚を持てればいいと考えるくらいだ。

彼らはしばしば為政者と一種独特の契約を結んでいて、しかしその契約は為政者を拘束しても自分たちは拘束されないと考えているように語る。人民には至高の権利があって、望みさえすればなんら理由なくこの契約を解除する権利があると考えているような口調だ。彼らが自分の国を愛するのも、自分たちの移り気な計画に国が同意している限りはということであって、折々の政策と一致すれば国を愛し、一致しなければ愛さないのだ」

自分たちに至高の人権があると思い上がり、自分の人権以外のものを一切尊重しないというのも、現在のサヨクリベラルと同じである。もっとも、サヨクリベラルの源流をたどればフランス革命に行き着くのだから、それも当然ではあるのだが……。

なお、バークは、フランス人権宣言を辛辣に批判した。植民地は人権宣言に基づいて、独立した憲法と自由貿易を要求してくるだろう。そうすれば、軍を派遣して抑えるしかない。植民地が立ち上がれば、今度は黒人たちが植民地支配に抵抗して立ち上がるだろう。するとまた軍が派遣され、再び虐殺と拷問と絞首刑だ。そして「これが皆さんの人間の権利なのです」と言うのである。

エドマンド・バークはインド統治の不正を糾弾し、アメリカの独立には敢然と支持を表明した気骨の人として知られていた。長く所属してきたホイッグ党も「王より議会を重視せよ」というスタンスであり、しかもバークはイギリス政府の統治下で虐げられてきたアイルランドの出身だった。

当時60歳のバークには弱者の味方、自由の志士というイメージが定着しており、当然フランス革命も支持するものと思われていた。

それがフランス革命を完全に否定し、徹底批判したものだから、当時のイギリスでは大きな衝撃が走ったという。

だが、バークにはフランス革命を否定する確固たる根拠があり、それを詳述したのが1790年に出版した『フランス革命の省察』である。

この本は世に出るや大反響を巻き起こし、たちまち11版を重ね、バークは一躍

ナポレオン1世の成聖式と皇妃ジョセフィーヌの戴冠式が行われたベルサイユ宮殿。特権階級の豪奢な宮廷生活は民衆の怒りを買い、フランス革命ではルイ16世と王妃マリー・アントワネットが斬首刑になった

「時の人」となり、フランス語の訳書はパリでは奪い合いまで起き、人々がむさぼり読んだという。

バークは決して変化を否定してはいない。しかしフランス革命は、変化の方法論が根本的に間違っていると批判したのだ。

変化はいいが、破壊はいけない。人間ひとりの「理性」には限界があるもので、先祖から受け継いだ「伝統」を重視すべきであり、いまあるものをよく活かして「修正」するという変化のプロセスを踏まなければいけないというのが、バークの考えである。

ところがフランス革命は人間の理性のみを重視して、祖先からの伝統を破壊し尽くし、社会も制度も根こそぎ転覆させたのであり、だからこそ批判する以外になかったのである。

「保守」の対義語は、かつては「革新」といわれ、いまは「リベラル」といわれることが多い。だが、バークの思想を「保守」とするならば、その対義語は「破壊」であろう。

現在の左翼とかリベラルとかいう者たちも、人間個人の「理性」に全幅の信頼を置いている。理性で何でもできると思っているから、人を判断するにも偏見は一切排して、理性だけで見なければいけないと考えるのだ。

そういう理性中心主義とでもいうべきものが、リベラルや左翼の思考の根底にあるわけだが、それが悪しき考え方であることは「自称被害者」にいともたやすく騙された草津町長冤罪事件の一件だけを見ても明白だといえよう。

人間の理性なんてものはそれほど危なっかしいものであって、理性を過信し、理性だけに頼ってはいけない。偏見を悪として排除してはいけないのである。

だが一方で、被差別部落に対する偏見が重大な冤罪事件を生んでしまった歴史も確かにあり、もっぱらそれらの例を根拠に「偏見は悪」とされてきたということはある。それは「悪しき偏見」というべきものであろう。

だから偏見にも、理性にも、どちらにも陥穽《かんせい》はある。

一方だけが正しく、もう一方は間違いだとは思わないほうがいいということは、思想的に押さえておいたほうがいい。望ましいのは、バークが言った「内側に理性を含ませながら偏見を維持する」というあり方である。

エドマンド・バーク自身は『フランス革命の省察』で「保守主義」という言葉

を一度も使っていない。
だが、この本の重要性を読み取った人々が、ここに書かれたエッセンスを抽出して「保守主義」という概念をつくり出していった。その意味で同書は「近代保守主義の源泉」であり、バークが「保守思想の父」といわれるようになった所以となっている。
日本でバークの研究が始まったのは戦後のことで、一躍その知名度が上がったのは西部邁（1939〜2018）が紹介してからである。
そんなわけで、現在の日本ではエドマンド・バークの名前さえ出して何か偉そうなことを言っておけば「保守知識人一丁上がり」みたいなことになっている。
思想というものは、蘊蓄ではない。本を暗記すりゃ身につくというものではないのだ。

今から8年ほど前、側溝に入り込んで女性のスカートの中を覗いて捕まり、「生まれ変わったら道になりたい」と言った男がいた。
わしはそのニュースを見たとき、「こういう男は更生しない。必ずまたやる」と思った。この時点では単なる偏見であり、リベラルはそんな考えこそが、犯罪者の社会復帰を妨げているのだと非難するだろう。

ところが案の定、その男がまた同様の罪を犯して逮捕されたというニュースが入ってきた。こんなことって、世の中には昔からいっぱいあるもので、その蓄積によって「偏見」はつくられてきたのである。

ごーまんかましてよかですか?

やっぱり偏見も大事なのだ。

そして、思想書を丸暗記するよりも、草津町長冤罪事件や「道になりたい」男のことを考えるほうが、ずっと思想をしていることになっていたりするものなのである。

ジャニーズ問題：マスコミの〈検証〉

2023年11月28日配信　小林よしのりライジング Vol.487より加筆・修正

そろそろジャニーズ問題に関する報道が減少してきたが、わしは、これは日本人の危うさが満載の重要案件だと思っている。

イギリスＢＢＣのつくったドキュメンタリー番組が放映されてからわずか4か月後、それまでジャニーズを誇りにしていた連中が、続々と被害者として名乗り出て、気づけばジャニー喜多川はもちろんジャニーズ事務所もろともキャンセル（消滅）させてしまった。この異常事態を、どのように分析し総括するかは日本にとって極めて重大な問題と言えよう。

「人権」vs「文化」の構図は、歴史に裏付けられた芳醇《ほうじゅん》な文化と天皇制を持つ日本人が了解しておかねばならない。

そして報道が下火になってきたタイミングで、各メディアでは「検証ブーム」が始まった。

これまでジャニー喜多川の「少年愛」の「噂」を知っていながらスルーしていたくせに、このあたりで〝検証ごっこ〟をして、反省しているふりだけ見せてお茶を濁そうというわけだ。
その一例として、『AERA』（朝日新聞出版）2023年10月30日号に載った「性犯罪を許さない」と冠した特集のうち編集長・木村恵子による「本誌はなぜ沈黙してしまったのか　AERAとジャニーズ事務所の関係を振り返る」と題するザンゲ記事を見てみよう。
この釈明記事、本論に入る前に、まず編集長のレベルの低さに呆れた。
何しろ、冒頭からこう書くのだ。
「故・ジャニー喜多川氏による性加害問題では、未成年の子どもたちを含む数百人が被害に遭うという未曾有の犯罪が半世紀以上にわたり放置されてきました」
ジャニー喜多川の行為を「未曾有の犯罪」と言い切っている。しかも続けてすぐその後に「絶対権力を持つ立場にある性犯罪者」とまで決めつけている。
すでに本書の第4章で詳述したが、ジャニー喜多川は「犯罪者」ではない。
ジャニー喜多川は一件の刑事告訴もされていない。裁判で有罪判決を受けてい

本誌はなぜ沈黙してしまったのか
再犯させない社会に
AERA
性犯罪を許さない
『AERA』（朝日新聞出版）は2023年10月30日号で、「性犯罪を許さない」と銘打った大特集を掲載。そのなかで木村恵子編集長は、一連のジャニー喜多川氏による性加害問題について「メディアの沈黙が被害を拡大させました」と自戒している

ないどころか、刑事事件として起訴すらされていないのだから、「犯罪」とも「犯罪者」とも言えないのだ。少なくとも、法治主義に則るのであれば。

本当はマスコミもそのことはわかっているはずで、だからこそジャニー喜多川の行為については必ず「性加害」と表現し、「性犯罪」とは言わなかった。姑息ではあるが、一応は区別して言葉を使い分けていたのだ。

普通なら、編集長は部下が「性犯罪」と書いた原稿を出したときに、それを注意して「性加害」に書き換えるのが役目であるはずなのに、それが自ら率先して混同しているのだ。

『AERA』は長らくジャニーズ事務所と絶縁状態だった。平成9年（1997）にジャニー喜多川の独占取材をした際に「書かないという前提で聞いた内容を書いた」ことが発端で関係がこじれ、記者会見も出禁になっていたという。

しかし、SMAPや嵐などが大人気になるにつれ、ジャニーズタレントを表紙や記事に使いたいと考えるようになり、和解を模索。その結果、平成25年（2013）に取材が解禁となり、2013年4月15日号の櫻井翔を皮切りに、『AERA』の表紙をジャニーズタレントが飾り始めた。その回数は令和4年（2022）にはなんと18回、3号に1号以上はジャニタレの表紙という状態にまでなっていた。
この件について、前編集長は「ジャニーズ事務所のタレントを表紙に起用すると販売が見込めて発行部数が増やせる。部数減を何とかしたい、そして新たな読者層にＡＥＲＡを知ってもらいたい、という思いから」だったと心情を吐露している。
また、現編集長もまったく同様に、「紙の雑誌の売れ行きが厳しくなっていくに従って、依存度が高まっていったのは間違いありません」という。
この辺りの事情は『ＡＥＲＡ』に限った話ではなく、どこのメディアもまったく同じである。どの雑誌でもジャニタレを使えば部数が伸びるから起用していた。同様にテレビ局なら番組の視聴率が上がるから、企業ならＣＭ効果が高いからジャニタレばかり起用していたわけだ。
他の芸能事務所にそんな人気のあるタレントが大勢いたなら、その事務所のタレントばかり使われていただろう。それだけの話である。
だから、ジャニーズ事務所がマスコミにはっきり圧力をかけたというような事例が出てくることはない。
『ＡＥＲＡ』の場合は、数年前までジャニーズを退所したタレントも表紙やインタビュー記事に起用していたが、近年はそれがなくなっていたそうで、それは「事務所から不満を示されたこともあり、問題になるよりは掲載を控えようという意識が働くようになっていきました」（現編集長）という事情だったようだ。また、社内全体にも「他部署も含めお世話になっているので、なるべくハレーションを起こさないように」という意見があったという。

結局は「忖度」だったわけだ。

視聴率や売り上げが確実に上がるから人気タレントを起用するとか、人気タレントを使えなくなるのを恐れて事務所に忖度するとか、そういうのは商業主義ならば普通のことだ。

それを「反省」するとか言って、今になってジャニタレをボイコットしているマスコミや企業は、それならば今後は「売れるタレントは使わない」という結論に達するのだろうか？

そんなことは決してありえない。売れるタレントを起用できるなら、使うのは当たり前だし、そのタレントと仕事をするために事務所に忖度することだって、今後も起こるだろう。

ここで本当に反省したというのなら、「商業主義をやめる」という選択をするしかないのだが、もちろんそんなわけはない。だったら何が悪かったと思っているのか、まったくわからないのである。

ジャニー喜多川の性癖に関する噂は、誰でも聞いたことがあるほどのものになっていたし、ましてやマスコミ関係者で知らない者などいなかったはずだ。

しかも1999年からは『週刊文春』が告発キャンペーンを始め、これを名誉毀損だとしてジャニーズ事務所が提訴したが、結果は敗訴。2004年に最高裁でジャニー喜多川の性加害を認定する判決が確定している。

ところが、週刊文春に続いてジャニー喜多川の「性加害」を追及するメディアは、マイナーなゴシップ誌などを除いてほとんど現れず、世間の関心も広がることはなかった。

なぜかといえば、誰もがそんなことは「大した問題じゃない」と思っていたからだ。

前出の『AERA』の記事では、編集部の企画会議などでジャニー喜多川氏の性加害を巡って議論した記憶はなく、「取材すべきニュースとして意識したことはなかったというのが本音です」と現編集長が述

懐している。
　また、当時の編集デスクも「これは『特殊な芸能界のことだから』という認識があって、本気で取り組まなかったというのもあります」と語っている。
　どこのマスコミでも、大体こんな感じだったはずだ。

　噂としては聞いているけれど、本当のことかどうかはわからない。民事裁判で事実認定されたといっても、刑事事件にはなっていないし、それに芸能界の話だから……といったあたりが、マスコミがスルーした理由だろうが、そのすべてが、結局は「大したことじゃない」の一言に集約される。
　たとえ噂が全部事実だったとしても、そんなの「大したことじゃない」から、わざわざそれが事実かどうかを確かめる気にもなれなかった。ただそれだけのことなのだ。
　そして、これこそが問題の根幹である。
　今これだけ大騒ぎして、ヒットラーかスターリンに匹敵するほどの人類史上に残る悪行とまで言っているのに、なぜ当時は「大したことじゃない」と思ったのか？
　この肝心な部分の心理を解明することこそが、最重要のポイントなのだが、この部分に触れた検証は、いまだに誰もやっていない。

日本人にとっては「大したことじゃない」けれども、欧米のキリスト教文化圏の人間は「大したことじゃない」などとは絶対に思わない。欧米人にとってはとてつもなく「大したこと」なのだ。つまり、日本人と欧米人の間に決定的な価値観の相違が存在するのである。

その相違とは何かといえば、もともと日本には男色文化があり、しかも日本の男性アイドルというカルチャーのルーツには、江戸時代の「陰間茶屋《かげまぢゃや》」があって、そこでは男色の売春だの枕営業だのは当たり前という、「暗黙のルール」があったからだということになる。

このような歴史に基づく「暗黙のルール」は、現代人にも引き継がれている。誰も自覚してはいないが、無意識の感覚の中にずっと潜んでいたもので、みんな知らず知らずのうちにその感覚でジャニーズを見ていたのである。

ところがそこに、キリスト教に由来する「人権感覚」が入ってきてしまう。すると、それまでの感覚が無意識のものだったために、みんないともたやすくキリスト教の感覚に洗脳されてしまい、それまで「大したことじゃない」と思っていた感覚が、たちまち「人類史上空前の罪悪」だということに変更されてしまったのだ。
それこそが今回の現象の真因であって、ここを暴き出さなければ何も検証したことにはならず、完全に無意味である。
しかしマスコミも大衆も、その真相を暴きたくはないのだ。自分の無意識の領域にあった日本的感覚は「野蛮」なものと思っていて、自らキリスト教に洗脳されたがっているのだから。

そんなわけで、日本史に詳しく、かつては陰間茶屋というものがあったことを知っている識者でも、それとジャニーズは別だとか言っている。
だが、何がどう別なのかの説明も一切せずに、ただ「それとこれとは別！」とだけ強弁されても、納得できるわけがない。
やはりそれは日本社会に慣習として存在していたもので、明治以降も言葉にはされていない不文のルールとして、今日まで残っていたのだ。
たとえジャニー喜多川個人が、小児性愛という特殊な性癖を持つ少年愛好家だったとしても、それを容認する風潮があったのであり、それは古来の日本人の感覚がずっと続いていたからだ。これは、日本人が日本人のままでいたからだということにほかならない。

だから独善的な英ＢＢＣの記者が、「文化相対主義」というものをまったく理解しないまま来日し、自分のキリスト教的価値観が世界唯一のものだと思い上がってドキュメンタリー番組をつくったところで、ただ一笑に付せばよかっただけのことだ。16世紀に来日した宣教師フランシスコ・ザビエルに対して、薩摩の庶民がそうしたように。

ところが21世紀の日本人は、英米人が「おかしい」と言ったら、無条件で「本当はおかしいことだったんだ、恥ずかしい！」と思ってしまうところまで劣化してしまった。そしてジャニーズをキャンセルしまくって、これで完全にキリスト教徒様と同じになれましたよね？　と言っているわけだ。

しかし、いくらそんなことをやっても、無意識の領域にある不文のルールには、陰間茶屋があった時代の感覚がまだ残っている。これから明文化されている法律までも変えてしまうつもりなのだろうが、それでも江戸時代や、もっと以前から続いている不文のルールは変えられない。

いくら「ジャニーズ」の名を言葉狩りして消去し尽くし、ジャニーズ文化をキャンセルしようと、日本に昔から男色文化が存在したという事実を「なかったこと」にはできないのだ。

BBC NEWSより
https://www.bbcworldnews-japan.com/about_us/

決して消せない歴史・文化の積み重ねがあるという実例として「陰間茶屋」を出しているのに、「それは関係ない」とか言い出す者が「識者」にまでいる。もはや、歴史の意味が一切わからないほど劣化しているのだ。

不文のルールといっても、決して永遠不変のものではない。それが慣習として受け入れられているうちはいいが、因習でしかないと思われるようになれば、変わっていく。ただし、それは日本人が自らの判断で変えていけばいいことであり、キリスト教の圧迫を受けて変える必要などまったくないのである。

そもそもジャニー喜多川が死亡した時点で、すでに「陰間茶屋」的（芸能にまつわる）少年愛は終わっていたのだが。

わしの子供の頃は公共の場で母親が胸を露わにして赤ん坊に授乳する光景が普通に見られたが、今ではそんなことはありえない。性に関する感覚もどんどん変わってきたし、これからも変わるものなのだ。

それは、必ずしも進化しているのかどうかはわからない。ただ変わっていくだけである。

自分たちの判断ならば、性に関する感覚も変えていい。だからわしは、ＬＧＢＴに関する認識も変えようと主張したのだ。

それは逆に、歴史を学び直してのことである。日本ではもともと性を厳格に男女だけで二分するような意識はなく、もっと融通無碍《ゆうづうむげ》な感覚だったということがわかったからである。

保守はこのように考えるべきものだ。そしてリベラルは、ただキリスト教に洗脳されているだけの存在なのだ。

いくら検証記事や検証番組をつくったところで、メディアはみんな同じくキリスト教に洗脳されたアタマで考えているだけなのだから、誰も事の本質にはかすりもしない。それで反省する、反省すると繰り返しても、いったい何を反省しているのか、さっぱりわからないのである。

ごーまんかましてよかですか?

マスコミはあまりにも不勉強で、歴史をまったく知らない。だから本当の真因には決して至ることはできない。

そしてマスコミはまた同じ過ちを繰り返し、常に狂っていくだけだ。

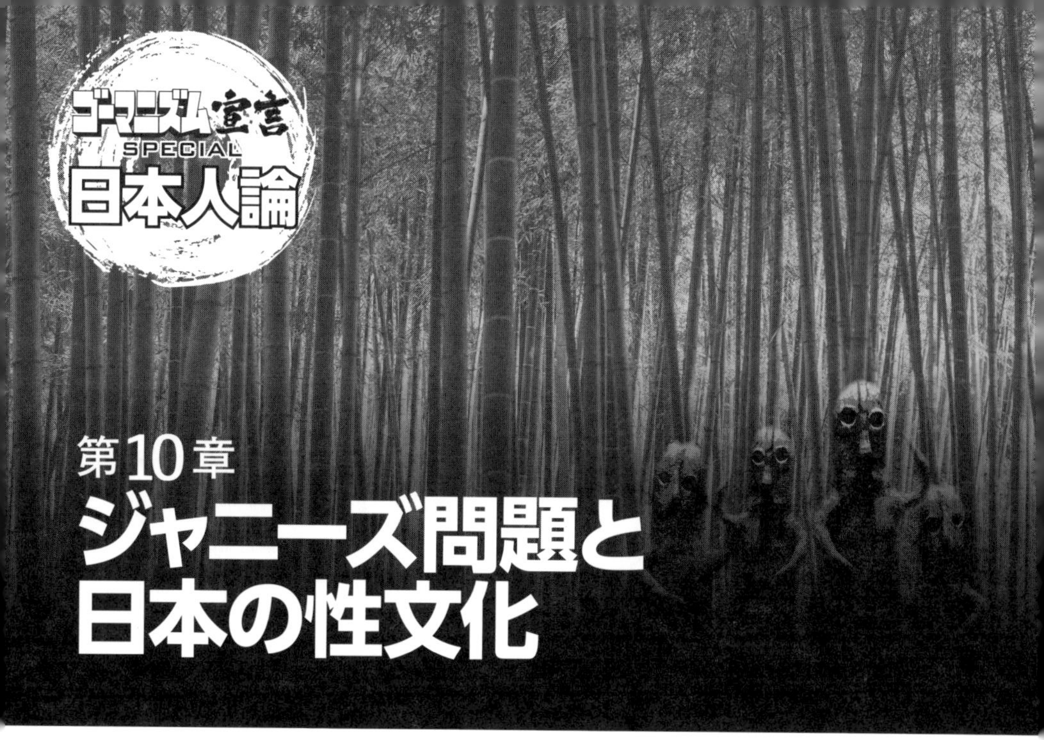
ゴーマニズム宣言
SPECIAL
日本人論

第10章 ジャニーズ問題と日本の性文化

学校秀才は、戦後民主主義の歴史教育しか知らない。
グローバリズムは世界の常識だと妄信し、欧米先進国は「人権」意識が進んでいると錯覚している。
日本は遅れているという「自虐史観」なのだ。
だが、学校では教わらない日本の歴史を学ぶと、「日本人とは何か?」がわかってくる。

『コロナと敗戦／失敗の本質』発売前、重版が決まった。マスクはもう一生はずさない人が大量に増えた。介護施設ではマスクはもちろん、ワクチン打たねば親に会えないという所まである。コロナ萎縮の3年間で、随分日本人の感覚を歪めてくれたものだ。

日本文化は歴史的に性に対して寛容《かんよう》である。
これに対して欧米キリスト教文化は性に対して極めて厳格である。
日本では売春に対するタブー感が薄く、江戸時代には吉原をはじめとする遊郭文化が花開き、
遊女を身請《みう》けして結婚するというケースも普通にあった。
その文化がその後も残り、戦時中には、「慰安所」となった。
また、現在の日本に多種多様な性風俗が存在するのも、その「性に対して寛容」という歴史が基底に残っているからである。
明日花キララや三上悠亜がAV女優であるにもかかわらず、女性にまで人気があるのも「性に対して寛容」な日本文化のおかげだろう。
ところがキリスト教文化においては、これがすべて「性奴隷」ということになってしまう。

まだヨーロッパでは売春がやや大目に見られているところもあるが、特にアメリカでは原理主義的に忌避されてしまうのだ。
それと同じ構図で、日本には古くから「男色」の文化があるのに対して…
キリスト教圏では男性同士の性行為は自然に反する最悪の罪とみなされた。
その歴史的な価値観の根本的な相違が問題なのである。
日本の男色は歴史的に「古代ギリシャに匹敵する」ともいわれ、その最古の記録は「日本書紀」に表れているとする説もある。
だが、定説としては日本の男色文化は仏教とともに伝来したとされる。
仏教では女性を不浄とみなし、寺院は女人禁制だったから、男だけの世界で僧侶が男色に走ることはよくあった。
ただしシナ大陸や朝鮮半島では「破戒僧のやること」とされ、あまり好ましくない行為とされていた。
ところが日本ではこれに寛容で、「許容範囲内の逸脱」程度の扱いで黙認され、仏教の広まりとともに、寺院における男色も広まっていったのである。

僧侶が自分の身の回りの世話をする有髪の少年「稚児《ちご》」を寵愛する風習は、奈良時代以降、広く仏教界に浸透した。
天台宗などでは、僧と稚児の初夜の前に「稚児灌頂《かんじょう》」という儀式が行われ、灌頂を受けた稚児は観音菩薩の化身とされ、僧侶は灌頂を受けた稚児とのみ性交が許されたという。
そして平安時代末期には男色の流行が公家の世界にも及び、盛んとなった。
日本の男色文化は、武士の台頭とともにさらなる展開を遂げた。
女性を連れて行けない戦地や寝所の護衛などに就いた武士が、部下や身辺に仕える「小姓《こしょう》」を相手にするようになったのが始まりで、室町時代中期以降、特に盛んになった。

男らしさ・女らしさを根底から否定しようとする「ジェンダー・フリー」、美人の価値を認めない「反ルッキズム」から「動物権」運動まで、欧米から続々襲来する「狂った理性」のイデオロギー！これと戦えるのは日本人の歴史に根付いた庶民の常識だけ。ブログマガジン小林よしのりライジングは今週も庶民の常識を追究！

そして、もともとは女性のいない場所での性欲処理から始まった男色が、強力な精神的な結びつきを伴う「衆道《しゅどう》」へと独自の発展をする。
肉体関係のみならず、武士同士の主従関係など独特の「道義」を説く「道」になったのである。
それは戦場で生死を共にする間柄として、絶対的な信頼感を確認するための行為であり、
主君と家臣の関係では、究極の忠義のかたちとなった。
男色は主従の絆を確かめる行為であり、家臣は主君と体を交わすことによって信頼を得て、出世が期待できるということもあった。
戦国武将の男色については、織田信長と森蘭丸のように今も有名なものがある。
大河ドラマ『どうする家康』では同性愛的な描写が出てきて、いまの視聴者に媚びて「BL展開」を入れたのかなどという的外れな批判もされているが、本当はこれこそ時代考証的に合っている。
そのような文化が、キリスト教圏の人間に理解できるはずがない。

今年は大イベント「愛子さまを皇太子に」をはじめ、「皇統問題」「統一協会問題」「ウクライナ戦争」「憲法」「コロナと陰謀論」「ジャニーズ問題」等、様々なテーマを扱い、また新しいことへの挑戦や新キャラ登場と、話題に事欠かない公論イベントでした！ぜひアーカイブ動画をご覧になって今年を振り返り、挑戦が続く来年に備えましょう！♪

聖書には、同性愛を罪とすると読める記述がいくつもある。
HOLY BIBLE
「女と寝るように男と寝る者は、両者共にいとうべきことをしたのであり、必ず死刑に処せられる。彼らの行為は死罪に当たる」
（レビ記　20章13節）
「男も、女との自然の関係を捨てて、互いに情欲を燃やし、男どうしで恥ずべきことを行い、その迷った行いの当然の報いを身に受けています」
（ローマの信徒への手紙　1章27節）
「正しくない者が神の国を受け継げないことを、知らないのですか。思い違いをしてはいけない。みだらな者、偶像を礼拝する者、姦通する者男娼、男色をする者…は、決して神の国を受け継ぐことができません」
（コリントの信徒への手紙ー6章9～10節、一部略）
※いずれも日本聖書協会『聖書新共同訳』による
創世記にある、神がソドムの町を滅ぼした話も、同性愛などの性的放埓《ほうらつ》が原因とされている。
そんな価値観を持って1549年にやってきた宣教師、フランシスコ・ザビエルは日本の文化にびっくり仰天した。
肥後
日向
薩摩
大隅

皇位継承問題について、「内閣法制局」は政権に忖度して詭弁を使う権力迎合機関に成り果てた。憲法の番人ではなくなったな。

ザビエルが、日本人にいくら「男色は罪だ」と説教しても、庶民にはゲラゲラ笑われるばかり。
そしてザビエルは、こう記している。
げら
げら
げら
(日本の僧侶は)平気で姦淫し、罪の対象たる少年を養っている。それを詰問するとそんなことは罪ではないと言って、泰然自若《たいぜんじじゃく》としている。
従って国民の間にも、この悪風が行われている。坊さんがやっているのだから、俗人は当然のことだと考えられているのだ。
この時点で男色文化は庶民にまで及んでおり、ザビエルがいかに説教しようと、誰も見向きもしなかったのである。
戦国時代が終わり、江戸時代の泰平な世の中になると、「衆道」からは精神的な「道」の意味合いは薄れて趣向嗜好の面が強く出るようになり、
単に男性同士で性的な関係を結ぶことを「衆道」と呼ぶようになる。
江戸時代の都市では男娼を斡旋《あっせん》する「陰間茶屋《かげまちゃや》」が繁栄した。

『日本人論』をとりあえず1巻、描き終わったら、ただちに『愛子天皇論2』を再開する。

茶屋の多くは歌舞伎小屋に併設され、初期にはすでに歌舞伎役者として活躍している若衆や野郎なども副業としていて、歌舞伎の観客が気に入った役者をそのまま買うという行為も行われていた。
しかしやがて、役者修業中で舞台に立つ前の10～17歳くらいの少年が主に体を売るようになり、舞台に出ない「陰の間」ということから「陰間茶屋」あるいは「子供屋」と呼ばれるようになった。
料金は非常に高額で、主な客は裕福な武家、商人、僧侶など、女性は御殿女中や富裕な商家の後家などだった。
ごーまんかましてよかですか？
欧米キリスト教の価値観に脳髄まで冒された者たちにとっては「おぞましい」と思える日本文化かもしれない。
キリスト教徒にとっては「罪悪」となっているのが、男色・少年愛である。
だが日本人にとっては「大したことない」という感覚が残っていたのである。ジャニー喜多川が死亡する前までは！

ゴーマニズム宣言
SPECIAL
日本人論

第11章 日本人が少年愛を「大したことない」と思う理由

江戸時代には「陰間茶屋《かげまちゃや》」として繁栄していた日本の男色文化だったが、華美な風俗を取り締まる幕府の天保の改革などの影響で衰退していった。
江戸時代までの日本の「男色文化」は欧米キリスト教圏の文化とはまったく違う。
江戸時代、前・中期の江戸では、男の人口が女の2倍に達していて、必然的に男があぶれるので、男同士で性交するのも普通のことになっていたのだ。

しかしその後、都市部の人口の男女比が正常化していくにつれ、男色文化も下火になっていった。
ひと言で「江戸時代」と言っても、時代と地域によって差がある。
藩によって男色を含む性生活のルールが異なり、男色が絆を深めるとして讃美された藩もあれば、男色に伴うトラブルを嫌い、禁止した藩もある。
とはいえ欧米と比較すれば、江戸時代の日本では、男色は、はるかに盛んであったということは間違いない。
欧米では男性同士の性行為は、神に滅ぼされた都市「ソドム」(=Sodom)に由来して「ソドミー」(=Sodomy)と呼ばれ、古今東西に、同性間の性交などを犯罪とする「ソドミー法」が存在した。
最古の例では、紀元前1075年の中アッシリアの法典に、軍隊内での男性間の性交渉を有罪とし、「男性が戦友と性交渉を持った場合は宦官《かんがん》に処す」とされていたという。
宦官に処すとは去勢すること。チンコと金タマを切り落とすのだからそれは恐い罰だ。

ジャニーズの検証番組を見ると、せいぜい「忖度」があったとか、芸能部と社会部の敷居があったとか、男性の被害者への意識が欠けていたとか、つまらん言い訳ばっかり！全然、検証になっていない！

日本では男色や少年愛は普通のことだったので、罪悪感が生まれる素地がない。
だからジャニー喜多川が少年に「性的イタズラ」をしていたという「噂」が芸能界からマスコミから大衆にまで、蔓延していても、「大したことではない」という軽い認識にしか至らず、マスコミも「スルー」していたのである。
「圧力」があったとか、「忖度」があったとかは関係ない。
あくまでも、「罪悪」とか「犯罪」という意識がなく、「大したことない」と思うのが日本人なのだ。
一方、キリスト教文化圏では、男色や少年愛は「犯罪」である。
イギリスでは、ヘンリー8世の時代の1533年に男性間または男女間の肛門性交を重大犯罪とする法が制定され、1861年までは最高刑が死刑だった。
実際に死刑が適用された例はなかったが、20世紀まで投獄された場合もあったという。
ソドミー法が撤廃に向かったのは、20世紀も後半に入ってから。イギリスで成人男性間の性交渉が合法化されたのはイングランドとウェールズが1967年、スコットランドが1980年、北アイルランドは1982年だった。
スコットランド
北アイルランド
イングランド
ウェールズ

よしりん先生と金髪女性チェブリンのネット生放送「歌謡曲を通して日本を語る」は回を重ねる毎に進化中！地上波の歌番組では物足りない方、昭和の歌謡曲ブームに嵌っている方、薄くて浅い言論に飽き飽きしている方等々、絶対に楽しめる番組です！ニコニコ動画の「小林よしのりチャンネル」をチェックしてねー♪

フランスで同性愛者を弾圧する法律が撤廃されたのは1981年、ドイツでは1994年。
アメリカでは州によって対応が異なっていたが、合衆国最高裁の判決によって全州のソドミー法が無効とされたのは2003年である。
日本でも明治になると、欧米の価値観に合わせないと「文明国」として認められないという事態に直面してしまった。
そうして明治5年（1872）公娼制度を廃止する「芸娼妓《げいしょうぎ》廃止令」を発令。
ほぼ同時に、鶏姦《けいかん》（肛門性交）を禁止する「鶏姦律条例」を発令し、これは翌年「鶏姦罪」と規定し直された。
とはいえ、「芸娼妓廃止令」も「鶏姦罪」も、日本の歴史や文化に根差しているものではなかったので、たちまち有名無実化し、公娼制度は「本人の意思に基づく売春は認める」ということで復活し、鶏姦罪も後に制定された刑法には盛り込まれず、明治15年（1882）の同法施行によって消滅した。
欧米でソドミー法が数世紀の歴史を刻んだのに対して、日本におけるソドミー法は制定直後にザル法と化し、わずか8年半で消滅した。

最近、「ゴー宣道場」「公論イベント」の門下生も次世代の担い手が成長してきた。イベントにしろ、ネット番組にしろ、やたらカネがかかるようになってきた。カネなしには何もやれないのだよね。

そして、明治時代においても男色文化は隆盛となった。
さて、「男色・衆道《しゅどう》」の問題だが、これはLGBTの問題と微妙に違うということに気づいただろうか？
LGBTの「G」つまりゲイは先天的に男しか愛せない、男にしか性欲が湧かないとしたら、男色・衆道の男は、そうとも限らない。
本来は異性愛者である人が、環境的に異性を得られない場合に、代償的に同性相手に、恋愛や性行動を行う場合を「機会性同性愛」という。
誰でも、異性のいない環境では、同性愛者になりうるのであり、刑務所などでもありうることだ。
つまり日本の男色文化は、「機会性同性愛」の文化だったと言える。

左翼・リベラルは「男らしさ・女らしさ」など、文化や伝統に基づく価値観を「人権」というイデオロギーで全て破壊しようと企む！だが連中には破壊の後に建設するものが何もない。ディストピアができあがるだけ！そんな未来を子供たちに残したくないと思う大人は、ブログマガジン・小林よしのりライジングを読もう！！

日本にはキリスト教圏と違い、もともと同性愛をタブー視する感覚がなかったから、「機会性同性愛」の発動にブレーキをかける意識もなく、むしろこれを奨励する習慣すらあって、世界から見ても独特な男色文化を築いてきたのである。
奈良時代以降の僧侶は稚児《ちご》を寵愛《ちょうあい》し、
戦国時代の武将は小姓《こしょう》を寵愛し、
江戸時代には「陰間茶屋」という男娼文化が生まれた。
年配の男が若い男をかわいがり、
若い男のほうも、金銭や出世などのメリットを期待して年配者に抱かれるという文化は、
日本の歴史を通じてずっと存在していたのである。

もともと欧米とはまったく違う文化や価値観が日本にはあり、ジャニーズもその延長線上のようなものなのだ。
時代が変わり、ジャニー喜多川も亡きいま、もう性的イタズラは再発しようもない。
そして、その当時に誰も問題としなかったことを、後の価値観で裁いてはいけない！これも慰安婦問題と同じことである。
人権を絶対視する「人権真理教」はキリスト教の価値観である！
ジャニーズ問題では慰安婦問題のときと同様に国連人権理事会までが介入しているが、国連は欧米の価値観に主導されているから、人権真理教を振りかざして首を突っ込んでくるのも当然だろう。
ところが、日本人のくせにこれに同調する者がやたらと多いのだからうんざりする。
そんなに欧米が進んでいて、日本は遅れていて、野蛮と思いたいのか？
左翼の自虐史観こそ、さっさとキャンセルされなければならないのだが！

愛子さまの美しさは完全に普通ではない！神々しさが圧倒的なのだ。オーラというものはある。人を幸せにするオーラが愛子さまにはある！

ヒステリックな「人権真理教」で、ジャニーズをキャンセルした「リベラル左翼」は、明治以降に入ってきたキリスト教文化に洗脳されて、日本の歴史を喪失している。
そして、同性愛やLGBTに不寛容な「自称保守」も、明治以降に入ってきたキリスト教文化に洗脳され、さらに統一協会のキリスト教系カルトにも洗脳されているから特に性に不寛容になるのだ。
つまり日本の「右派」も「左派」も、どちらも日本の歴史を知らない。
日本人はほとんど欧米化している。
ごーまんかましてよかですか？
日本人は右派も左派も「グローバリズム」という欧米標準に洗脳され、自虐史観だらけになってしまった！
テレビでしきりにジャニーズ問題の「検証」をしているが、どれも当たっていない。
日本人には歴史的な常識として、少年愛は「大したことではない」という感覚が継承されていたのだ！

ゴーマニズム宣言
SPECIAL
日本人論
第12章
芸能とは何なのか？（前編）

日本には歴史的に男色文化があったことを書いたら…
ジャニーズ問題と、日本に男色の歴史があったことに、何の関係があるのか？
…という反応をする輩がいる。
こいつら、革命でも経験したのか？
「革命」を経験した人民は、歴史が断裂するから、祖先たち死者の感覚がわからなくなる。
長い歴史を持つ日本人なら、「死者のルール感覚も参加させる民主主義」を意識せねばならない。

「死者も参加する民主主義」イギリス人作家チェスタトンの言葉だ。現在の生者だけで選挙権を独占するのはオカシイ。「死者にも選挙権を与えよ」というのは歴史があり、伝統がある国家においては、当然の考え方である。

わしは『戦争論』を描いたが、それは祖父の世代の感覚と戦後世代の感覚を連結させたかったからだ。
「死者も参加する民主主義」を意識したからである。
小林よしのり
戦争論
「死者も参加する民主主義」なら、当然、明治も、その前の江戸時代からの死者も含めた民主主義を意識せねばならない。
そもそも古代から現代までの歴史を意識するべきなのは、「天皇制」を持続させている日本人なら当然ではないか！
我々、日本人の現在の文化やルール感覚（慣習法）とて、古代～中世～江戸時代～明治～現代までの歴史につながっていることくらい当たり前だ。
日本は、欧米やシナのように、革命で歴史が寸断された国ではない。
古代から歴史が連綿とつながっていることを実感できない鈍感人間が出てきたことは日本人の危機である。
ジャニーズと日本の男色文化は、間違いなく深すぎる関係があって、欧米キリスト教徒＝（人権真理教ザビエル派）には理解できない。

わしが描いた神話は文部省の検定にも通ったのに、卑猥だと自主規制で削除したのは、その卑猥さこそが日本の歴史だということを知らぬ者たちの仕業である。たぶん、統一協会の信者がいたからではないか？
日本最古の「芸能」は、神話の世界までさかのぼり、高天原(たかまがはら)の天(あめ)の岩屋の前で舞ったアメノウズメノミコトが起源だと言われる。
以下、わしがかつて『新しい歴史教科書』に書いた記述を引こう。
スサノオの命《みこと》は天照大神を訪ねていくが、何しろ気性の荒いスサノオは神殿に糞をするわ、天照大神の神聖な機屋《はたや》に、馬の皮をはいで落とし入れるわで、ついに天照大神はおそれて天の岩屋にこもってしまう。すると、天も地も真っ暗になり、あらゆる災いがおこった。
そこで神々は策を考え、祭りを始め、常世《とこよ》の長鳴き鳥を鳴かせる。アメノウズメの命が、乳房をかき出して踊り、腰の衣のひもを陰部までおしさげたものだから、八百万の神はどっと大笑い。天照大神が不思議に思って、岩屋戸を少し開けたところをアメノタヂカラオの命に引き出され、岩屋には注連縄《しめなわ》を張られてしまったので、ついに世界に光がよみがえった。
神話を歴史教科書に載せる(もちろん「史実」としてではないが)というのは画期的なことだったが、この記述は次の改訂の際にあっさり消されてしまった。
新しい歴史教科
一度は文科省検定も通ったのに、「新しい歴史教科書をつくる会」の側が自主規制してしまった。

教科書に「乳房」とか「陰部」とかいう言葉はふさわしくないと思ったのかもしれないが、これは『古事記』にある「掛出胸乳、裳緒忍垂於番登也」〈胸乳(むなぢ)を掛(か)き出で、裳緒(もひも)を番登(ほと)に忍(おし)し垂れき〉という記述そのままである。
日本に於ける芸能は最初から神に捧げるものであるのと同時に、相当にワイセツなものだったわけだ。
その後、アメノウズメはニニギノミコトの天孫降臨に加わり、その途中で出会ったサルタヒコノカミと結婚した。
アメノウズメの話は、古くから「舞」が神に捧げるものとして存在していたことを反映している。
古事記にはアメノウズメは「神懸り」して踊ったと書かれているが、巫女の源流は「シャーマン」であり、神霊や精霊をその体に憑依させて神託を伝えたり、舞を踊ったりしていたと考えられている。

人は なろうと思えば誰でも「被害者」になれて、何者かをその「加害者」にして糾弾できる。そうやって朝日新聞は「慰安婦問題」を作り上げたのだが、それと同じことを今でもやっている！誰も気付いていない「人権真理教」による歴史・文化破壊工作に警鐘を鳴らしまくるブログマガジン小林よしのりライジング配信中！

後に仏教が伝来すると、仏教の儀礼で披露される舞楽・雅楽なども定着し、
やがて神前で舞楽が神に捧げられるようになり、一方で日本固有の舞も整えられていった。
平安時代には、神社での祭祀に雅楽や神楽《かぐら》舞が奉納されるようになり、その祭祀にはアメノウズメの子孫とされる猿女君（さるめのきみ）の一族が携わった。
そして中世以降には、各地の神社で巫女による神楽の奉納が恒例となっていく。
こうして神社における祭祀が整備されるに伴って、巫女は神社に所属して祭祀を補助し、神懸りして神楽を舞う存在となり、神話を告げるという役割は失われていった。
その一方でイタコやノロのように、神社には所属せずに、昔ながらの神のお告げや占いを行って生業とする「民間の巫女」のような者は各地に存在した。
そしてその中には定住の場を持たず諸国を放浪しながら神のお告げや占いや、舞を披露するなどして生計を立てる「歩き巫女」という女性もいた。
歩き巫女は「旅女郎」とも呼ばれ、中には売春を生業としながら各地を渡り歩く者もいた。
そういう意味では、神事と売春は非常に近い関係にあったともいえる。

日本人は古来、万物に神が宿ると信じ、神と共に生きている。そのため神に捧げる舞踊も、神職が独占するものではなかった。
特に農民は毎年の豊作を祈願して、田植えの際に田の神を祀るために笛や太鼓を鳴らし、田の畔で歌い舞った。
こうして農村に始まった芸能は「田楽《でんがく》」という形に集約される。
これは、もともとは豊作祈願の神事だったが、平安時代後期には貴族が遊興のために催すことも多くなった。
さらに後には楽器を用いた群舞と、曲芸を専業とする「田楽法師」という演芸集団が誕生し、各地を渡り歩いてその土地土地の有力者の前で芸を披露するようになる。
そして、有力者や金持ちは一座の中の美少女や美少年に声をかけ、そこで売春が行われていた。

よしりん先生とチェブリンが歌謡曲の生演奏に挑戦しながら、新しい角度から日本を語る生放送「歌謡曲を通して日本を語る」！今まで挑戦した曲は、『愛のかたまり』『シンデレラガール』『Real Face』『泣いてみりゃいいじゃん』『孤愁人』『越冬つばめ』そして甲斐バンド特集等々、ジャンルも年代もバラバラ！毎回、選曲が楽しみな生放送ですよー♪

死者の供養のため、念仏や和讃（仏教で歌われる歌）を唱えながら鉦《かね》や太鼓を打ち鳴らして踊る仏事「念仏踊り」は、平安時代に京で始まり、鎌倉時代に諸国に広められたという。
念仏踊りには特に定まった型がなく、後には他の芸能と結びつくなどして娯楽色を強めていく。
そして室町時代になると芸能の一種になり、これを披露する一座が諸国を巡業するようになる。
興行を成り立たせるため、一座の中には花形となる美少年や美少女がいて芸能を披露し、観客の目を引きつけた。
そしてこれに土地の有力者や金持ちから声がかかれば、枕を共にさせていた。
前述の田楽法師と同様、芸能集団はこうして生計を立てており、それはその後の時代も変わらなかった。

米大使館は先月「世界人権宣言」の採択から75年を迎えたことに絡み、Xに数件のポストを投稿。「米国は世界中で人権を擁護する誇り高いリーダー」と傲慢に述べながら、「旧ジャニーズ事務所の故創業者による400人超の被害者の方々を支援する」と書きました。誰一人、司法を通さず確かな証拠もないまま、故人を犯罪者と決めつける野蛮を許して良いわけがない!!

そして安土桃山時代、有名な出雲阿国（いずものおくに）が登場する。
もっとも「出雲阿国」は後につけられた名で、同時代の資料にある名は「お国」や「クニ」などであり、その生涯は謎が多い。
出雲大社の巫女だったといわれることが多いが、「歩き巫女」であったとする説もある。
阿国が神社の勧進（修繕用の資金集め）のために組織した念仏踊りの一座が、世にいう「阿国歌舞伎」の発端とされる。
巫女が仏事の念仏踊りを見世物にしようが、その収益で神社を修繕しようが、まったく構わなかったわけだ。
念仏踊りなどの単純な舞踊で諸国を巡業していた一座は、名実ともに江戸時代開始の年である慶長8年（1603）、京都で興行を打って大当たりとなる。
その舞台は女性が男装、男性が女装して、売春の場面などを寸劇化し、猥雑な踊りを舞うというものだった。
日本の性文化にほとんどタブーはない。
世界でも珍しい大らかな性文化の実態を次回、さらに見ていこう。

ゴーマニズム宣言
SPECIAL
日本人論
第13章
芸能とは何なのか？（後編）

念仏踊りなどの単純な舞踊で諸国を巡業していた一座は、江戸時代開始の年である慶長8年（1603）、京都で興行を打って大当たりとなったが、
その舞台は女性が男装、男性が女装して、売春の場面などを寸劇化し、猥雑な踊りを舞うというものだった。
阿国《おくに》は男装して刀を差し、キリシタンのロザリオを首にかけて現れたといい、その奇抜な趣向が流行の最先端を行く「かぶきたる者」（人目を驚かす新しいことをする者）として、「かぶき踊り」と呼ばれ、評判を呼んだ。

こうして「阿国歌舞伎」が大ヒットすると、それを真似て便乗する者が出てくるのも世の常で、次には「遊女歌舞伎」（「女歌舞伎」ともいう）が登場した。
これは遊女屋が店に抱える女を舞台に立たせたもので、阿国歌舞伎に倣《なら》って遊女に男装もさせていたが、もはや歌や踊りを見せることは最大の目的ではなかった。
客は舞台で踊る遊女を見て気に入れば、指名を入れて舞台が終わった後の酒宴のお供をさせたり、さらに夜のお供をさせたりできたのだった。
もっとも阿国歌舞伎も同様に性を売っていたことは、当時から有名だったらしい。
阿国歌舞伎には男役者もいたが、これも「男娼」で、女役者と同様に男の客に体を売っていたという。
阿国歌舞伎はやがて後発の遊女歌舞伎に押されて人気が低迷するようになり、一座は江戸に移る。
そして江戸でも大人気を得るが、そうなるとまたも便乗して真似た見世物が現れ、遊女歌舞伎も盛んになった。

大晦日の「SnowMan」の生配信は凄かった。「悔しい」と言ってたが、紅白の視聴率がワーストになったのだから、旧ジャニーズ排除に罰が下ったという結論だな。

そうして競争が激しくなると芝居は争って刺激的なものになっていき、売買春も増え、それに伴う刃傷沙汰などのトラブルも看過できないほどになっていった。
ついに寛永6年(1629)、幕府は風俗紊乱《びんらん》を理由に阿国歌舞伎と遊女歌舞伎を禁止!
これによって京都と江戸で大人気を誇った阿国歌舞伎・遊女歌舞伎は断絶し、女性は舞台に立つことができなくなった、
しーーーん
阿国歌舞伎が人気を博した際、少年だけで構成された「若衆(わかしゅ)歌舞伎」というものも登場したが、当初は阿国・遊女歌舞伎に押されて、ほとんど注目されなかった。
ところが阿国・遊女歌舞伎が禁止されたため、代わってこの若衆歌舞伎が台頭し始めた。
「若衆」とは元服前の少年のことを指した。
江戸時代の男性は元服すると額から頭頂部にかけて髪を剃るため、この時代、少年の前髪は若さと美のシンボルだった。

井原西鶴は、たとえ姿の醜い男でも、前髪さえあれば女よりも優しく見えると書いたほどである。
女歌舞伎なきあと、前髪のある美少年たちがなまめかしく歌い踊る舞台は一世を風靡《ふうび》するようになった。
そして、やっぱり若衆歌舞伎でも、役者の少年たちが売春をしていた。
そうして若衆歌舞伎が大人気になると、またもや売買春が看過できないものになり、ついに幕府は若衆歌舞伎も全面禁止！
前髪のある少年を舞台に出すことを禁じ、元服前の少年でも舞台に立つには髪を剃らなければならないこととなった。
幕府は役人を派遣し、役者が本当に髪を剃っているか定期的に検査していたという。
こうして若衆歌舞伎に代わって、前髪を剃った少年たちが舞い踊る**「野郎歌舞伎」**が始まった。
若さと性的な魅力を醸し出していた前髪をなくしたことで、役者の売買春がなくなったかといえば、決してそんなことはなかった。
多少見た目は大人っぽくなったが、身のこなしや立ち居振る舞いにおける少年の魅力が変わるわけもなく、客はそれまでと同様に役者を買い続けた。

しかも若衆歌舞伎では、どんなに魅力があっても成人して前髪を剃ると男娼は廃業していたが、少年と成人の髪型の区別がなくなったため、成人後も男娼が続けられるようになり、かえって男娼の幅が広がる結果になった。
結局、どんなにお上が禁止しようと、芸能と売春、それも男色は切っても切り離せないまま一緒に発展していったのである。
そして歌舞伎の発展と共にさらに男娼の世界も発展していくわけだ。
歌舞伎の劇場の傍には上演前後に客が楽しむ茶屋があり、役者が客をもてなしていた。
そのもてなしの一つに男色があり、これが後の「陰《かげ》間《ま》茶《ぢゃ》屋《や》」の発祥といわれる。
初期の時代の役者は不特定多数を相手にしていたわけではなく、パトロンとなる金持ちに身を任せる男娼だった。

「ゴー宣道場」の表記を「ゴー宣DOJO」にして、厳めしさをなくしてエンタメ感を強く打ち出すことにした。
「啓蒙」の限界を感じたからだ。

その後、長らく男娼のことを「野郎」と呼んでいたが、18世紀初めの享保の改革でいったん下火になった男娼が復活した頃から「陰間」という言葉が使われるようになる。
この言葉自体は以前からあり、まだ舞台に立てない未熟な者のことを指していたが、やがて舞台に関係しない者も含めて男娼すべてを「陰間」と呼ぶようになった。
当初は裕福な武士や僧侶くらいしか陰間茶屋の客にはなれなかったが、経済が発展すると町人の客が増え、それと共に女性の客も増えていった。
そして、歌舞伎とは関係ない個人営業の陰間も出てくるようになったという。
天保年間の『三養雑記』という書には、役者を養成するには「男子を遊女屋の女を抱える如くに抱え置きて、芸をしいれるなり」とある。
役者修業の間に12歳になると肛門が広げられて、肛門性交の技法が施され、舞台の芸と共に寝室の芸までが仕込まれる。
歌舞伎役者になるための教程には、男色の技法も入っており、舞台に上がり始めたものの、まだ一人前ではない「舞台子《ぶたいこ》」は、舞台で役者としての芸を磨くと同時に、客からの要請によって座敷も勤め、身体を売っていた。

また、本舞台に上がる前に田舎廻りで芸の修業に行く者は「飛子（とびこ）」と呼ばれたが、飛子は巡業に行って芝居の興行主から夜の伽《とぎ》を請われれば、自分の利益のため断ることはできなかった。
男娼として売れるにも修練が必要で、容貌をよくするため、10歳から12歳くらいのときに、毎晩、鼻を板で挟み、紐で結びつけて面をかぶったような状態にして寝させていたという。
当時は目を整形することはできなかったが、これを続けることで、鼻筋はある程度高くできたらしい。
肌をきれいに保つためザクロの皮の粉末で体を磨き、歯を磨くにはハチクの笹の葉を炭にしたものを用いた。
陰間は女性的な容貌と若さが勝負で、無毛や薄毛の者が人気だったため、ムダ毛の処理は入念に行われた。
特にヒゲは陰間の大敵で、毛抜きを使って処理していたという。
そこまでの努力をしても男娼としての盛りは非常に短く、元禄時代の浮世草子『男色実語教』では16歳が「若衆の春」としており、11～14歳が「若のつぼみ」、15～18歳が「盛りの花」、19～22歳を「散る花」としている。
「十九廿（つづはたち）陰間にすれば老の坂」という川柳もあって、19歳、20歳では「老境」と言われたのだ。

『日本人論』は最終章を描き下ろして、人権全体主義の中に敢然と異を唱える思想書として、単行本を出す。

20歳以前の歌舞伎役者や役者見習いは、このように男娼を兼ねながら修業を重ねていた。
当時の歌舞伎役者は現在の芸能人のようなもので、ファッションリーダーでもあった。
一人前となり、成功した役者は現在のアイドルに匹敵するか、それ以上の人気を博していったのだった。
そして、ここに紹介した江戸時代の歌舞伎役者の様子を見ると、ジャニーズのアイドルみたいなものだと思えてこないか?
ごーまんかましてよかですか?
キリスト教的価値観による「人権真理教」にはまってジャニーズ叩きをしている者は、日本の歴史をまったく知らない無教養な者たちであり、それは「左翼」である。
彼らは最終的には日本の歴史も文化も伝統も、すべてキャンセルして、人工理性国家をつくりたいのだろう。

ゴーマニズム宣言
SPECIAL
日本人論

最終章
陰翳を消す「人権」の光

昔、わしが大学生の頃、「スター誕生」というテレビ番組があった。
視聴者参加型の歌手オーディション番組で、山口百恵、桜田淳子、森昌子など錚々《そうそう》たるアイドルを送り出していた。
その番組にわしの妹を挑戦させたことがある。

楽曲をわしが選び、ギターで伴奏しながら、情感を込める歌い方を指導したりして、番組に送り出した。
予選を勝ち抜き、テレビ出演まで行ったのだが、残念ながらそこまでだった。
妹が歌い終わった後、審査員が奇妙なアドバイスをした。
あなたはちゃんとした堅実な家庭で育った娘さんなんだから、芸能界に入らなくてもいいと思います。
我が家で、敗戦の家族会議をしたのだが、審査員の言葉を受けて、父が言った。
芸能界はそもそも河原乞食から始まった被差別者の生きる世界だ。
美空ひばりはヤクザが興行主だし、闇の世界ともつながっている。我々、一般人の社会とは全然違うとぞ。
そう脅して娘の芸能界への夢を断ち切った。昔の大人にはそのような常識があったのだ。

ジャニー喜多川が
男子が好きという
「噂」は以前からあったが、
人々は好奇心を刺激されながらも、
「大したことではない」と
思っていた。
それが芸能界の
闇の部分
だとしか、思って
いなかった。
ましてやテレビや
新聞の
報道ジャーナリズムで
取り扱う事柄では
なかった。
去年、外圧で、マスコミが
「人権真理教」に
洗脳され、一斉に
ジャニーズ事務所を
叩き始めて…
被害訴え3
あっという間に
「キャンセル・カルチャー」で
崩壊させてしまった。
驚異的な速さだった。
しかも法治国家の
原則を無視して、
マスコミ主導の「人民裁判」で
吊るし上げたのだから、
まるで革命か、
中世の魔女裁判のようだった。
その後、この事件の検証を
テレビや新聞がやっていたが、
偽善と自己欺瞞に埋没した
バカバカしい結果しか
出てこなかった。

マスコミが
ジャニーズ事務所に
「忖度」があったとしても、
スターを使えば、
視聴率が上がる。
部数が増える。
利益があるのだから
当たり前だろう。
マスコミが
ジャニーズ事務所の
暴力的な権力に屈して
いたわけでもなく、
普通に資本主義の原理、
弱肉強食の原理が
貫かれていただけだ。
テレビ局も雑誌も、
売れるから使っただけ！
ジャニー喜多川の
少年愛の「噂」は
「大したことない」としか
思わなかっただけ！
マスコミも日本国民も、
欧米キリスト教圏（一神教）の
人権意識に
まだ染まっていなかっただけだ。
それはまったく当然で、
男色の歴史、
陰間《かげま》（少年愛）の歴史が――
日本では何世紀も
続いていたからである。
それを「罪悪」とする
歴史がなかったからだ。
マスコミが日本の
「歴史的慣習・文化」に
気づかないのなら、
全然「検証」に
ならない。

そしてマスコミは、「キャンセル・カルチャー」の意味を知るべきである。「法治国家」の意味を考えるべきである。
「戦後最大の性犯罪」と言うが刑法の裁断なしに「犯罪」と認定することはできない。
「人権vs文化」で人権が上位価値なら、天皇制とてキャンセルされ得る。
ジャニーズに対してマスコミがやったことは、「人民裁判」なのだから、検証を人民が行うのは当然のこと。
ジャニオタこそはメンバーをJr.の時代から監視できる存在。自称被害者の疑惑をあっという間に調査してしまう。
日本の芸能界には被差別者の伝統という闇が潜む。
そのくらいは大人の常識としてみんな知っていた。
少年愛に関しては、ジャニー喜多川までが日本のいにしえの慣習の残滓《ざんし》だった。
だが彼が死んだ時点で少年への性加害が「大したことない」という感覚も終わりに近づいていた。
外圧で一気に洗脳されて「キャンセル・カルチャー」の餌食《えじき》になるバカを晒さずとも、日本人の常識は刷新されたのだ。

それでもいまだに「枕営業」の噂は聞くし、芸能界とAV業界と性風俗は地続きだし、
そもそも日本の伝統技芸とされている舞妓文化にだって、「お風呂入り」などのセクハラ風習があると報道されているが、言わぬが花で、スルーされている。
芸能界には闇がある。その闇を照らし出す不粋が果たして必要だろうか？
人権絶対の立場なら、闇はすべて隅々まで照らし出すのが正義なのだろうが。
昨年末、松本人志の「性加害」スキャンダルが報じられたが、さっそく番組のCMが減ったりして、キャンセル・カルチャーになりかねない様子も見えてきた。
吉本興業が記事を全否定して、法的措置を検討の予定としているが…
なんばグランド花月
「法を超えて対処する」なんて言ったら、たちまちマスコミから「人民裁判」されて、「キャンセル・カルチャー」で葬り去られてしまう。

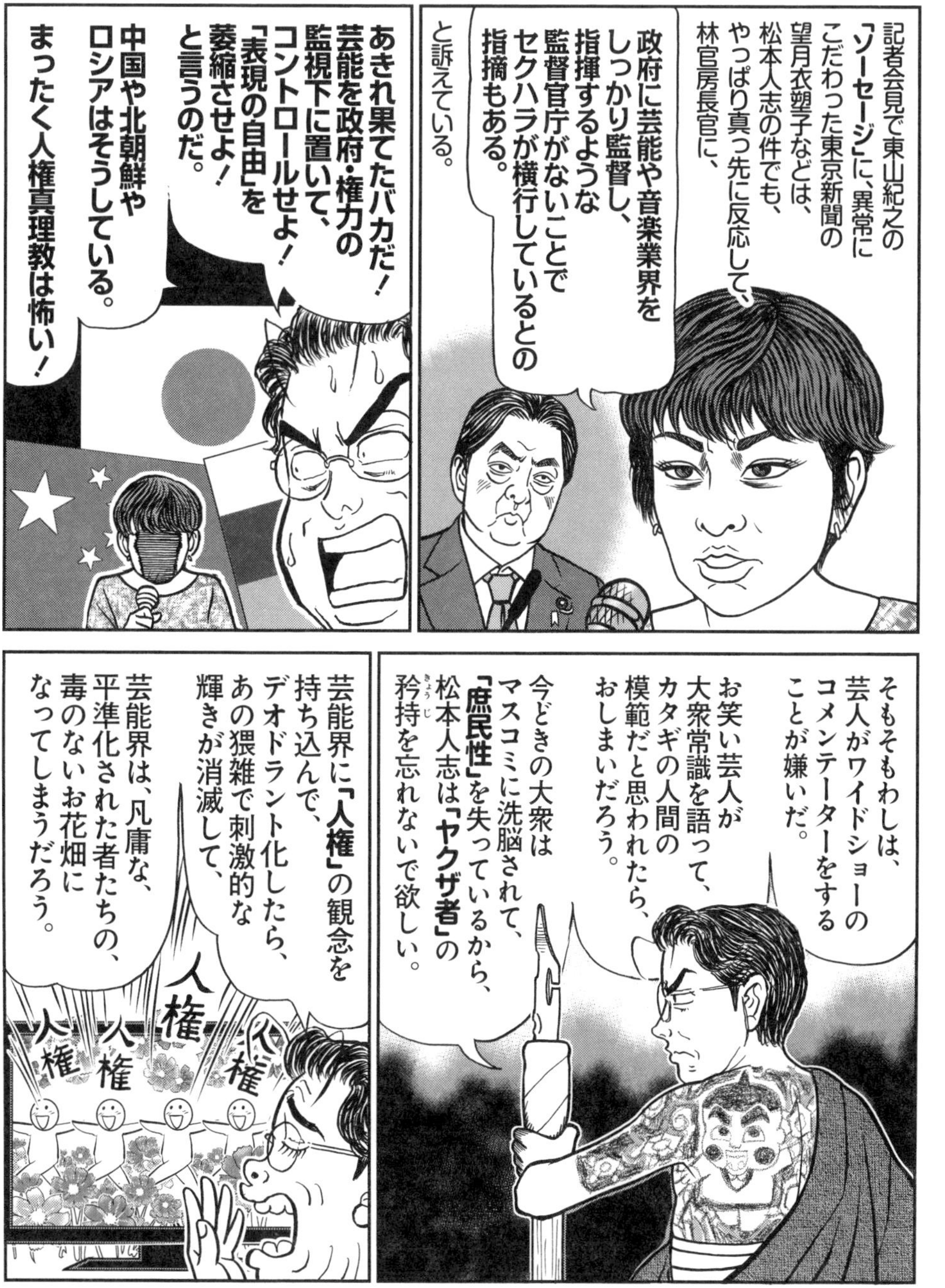
記者会見で東山紀之の「ソーセージ」に、異常にこだわった東京新聞の望月衣塑子などは、松本人志の件でも、やっぱり真っ先に反応して、林官房長官に、
政府に芸能や音楽業界をしっかり監督し、指揮するような監督官庁がないことでセクハラが横行しているとの指摘もある。
と訴えている。
あきれ果てたバカだ！芸能を政府・権力の監視下に置いて、コントロールせよ！「表現の自由」を萎縮させよ！と言うのだ。
中国や北朝鮮やロシアはそうしている。
まったく人権真理教は怖い！
そもそもわしは、芸人がワイドショーのコメンテーターをすることが嫌いだ。
お笑い芸人が大衆常識を語って、カタギの人間の模範だと思われたら、おしまいだろう。
今どきの大衆はマスコミに洗脳されて、「庶民性」を失っているから、松本人志は「ヤクザ者」の矜持《きょうじ》を忘れないで欲しい。
芸能界に「人権」の観念を持ち込んで、デオドラント化したら、あの猥雑で刺激的な輝きが消滅して、
芸能界は、凡庸な、平準化された者たちの、毒のないお花畑になってしまうだろう。
人権
人権
人権
人権
人権

谷崎潤一郎の作品に、「陰翳礼讃《いんえいらいさん》」という随筆がある。
陰《いん》翳《えい》礼《らい》讃《さん》
文・谷崎潤一郎
写真・大川裕弘
明治以降、日本は近代化が進んで、電灯の光りが夜の闇を照らし、室内の隅々まで照らすようになって、陰影の美がなくなったと谷崎は嘆いている。
日本の美は陰翳にこそあると。
西洋の文化では、部屋の隅々まで明るく照らし、陰翳を消すことに情熱を傾ける。

ところが、
いにしえの日本では、
むしろ
陰翳を評価し、
陰翳を利用すること
によって、陰翳の中で
こそ、映える芸術を
つくり上げたという。

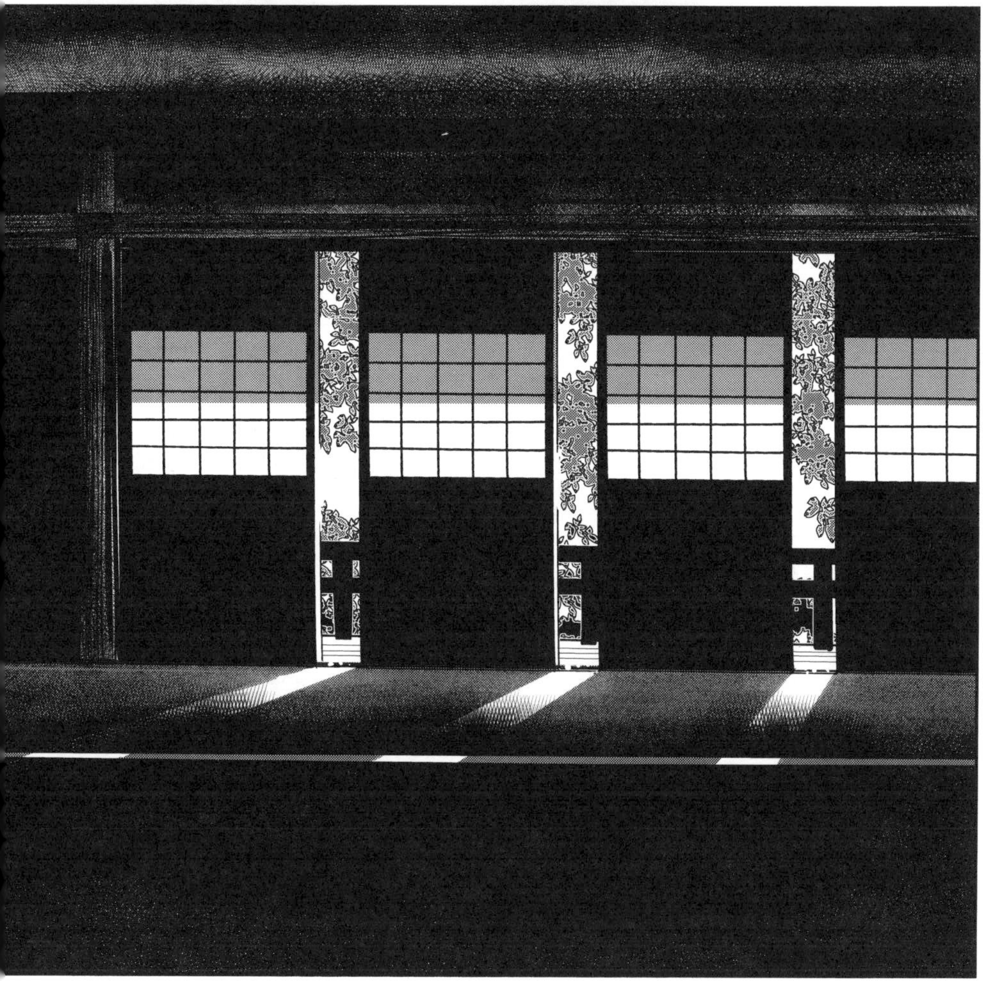

歌舞伎役者のおしろい(白粉)は、昔の舞台がロウソクを並べただけの照明で、スポットライトがなかったから、昔なら陰翳の中でこそ、映えたのだろう。
舞妓・芸妓のおしろいも、外国人が見ると不気味なほど白く見えるだろうが、
江戸時代のろうそくのもとでは、地肌のままでは、暗く沈んでしまう。
おしろいをぬれば、赤味のさした肌の色になり、色っぽく見えたのだ。
そういえば、コンビニが24時間営業になったときに、女性が深夜に外を歩いても、恐怖や不安を抱くことがなくなってしまった。
日本女性たちは、深夜でも居酒屋でオヤジに混じって酒を飲み、ほろ酔い加減で、深夜、歩いて帰っても、男女同権でそれが普通と思うようになった。
この世に闇があることを理不尽だと思うようになっており、すべての場所から闇を消滅させることが善きことだと思っている。
フフ

わしの父は公務員で
真面目な人だった。
母は真言宗の寺の娘で、
マルクス主義の父と
結婚するときに、
①浮気をしないこと、
②共産党に入らないこと、
を契約書に書かせた。
以降、わしの父の人生は
「ミシンの針」となった。
わしが生まれたら、
父は「善範」と名付けた。
善範
こんな名前を
つけられたために、
わしは子供の頃から
善悪に対して敏感になり、
偽善に対して
強い拒否感を覚える
ようになり、
父のような生き方を
「自己欺瞞《ぎまん》的」と
思うようになった。
欺瞞とは「あざむく」ことで、
「自己欺瞞」は、自分自身を
あざむくことだ。
しかし、社会では多くの人が
自分の本性を隠し、
自分をあざむいて、
ストレスを抱えて
生きているものだと
大人になったら、
わかるようになった。
わしは父を憎み、
反面教師にしながら
漫画家という
子供のままでいられる
職業に憧れていた。

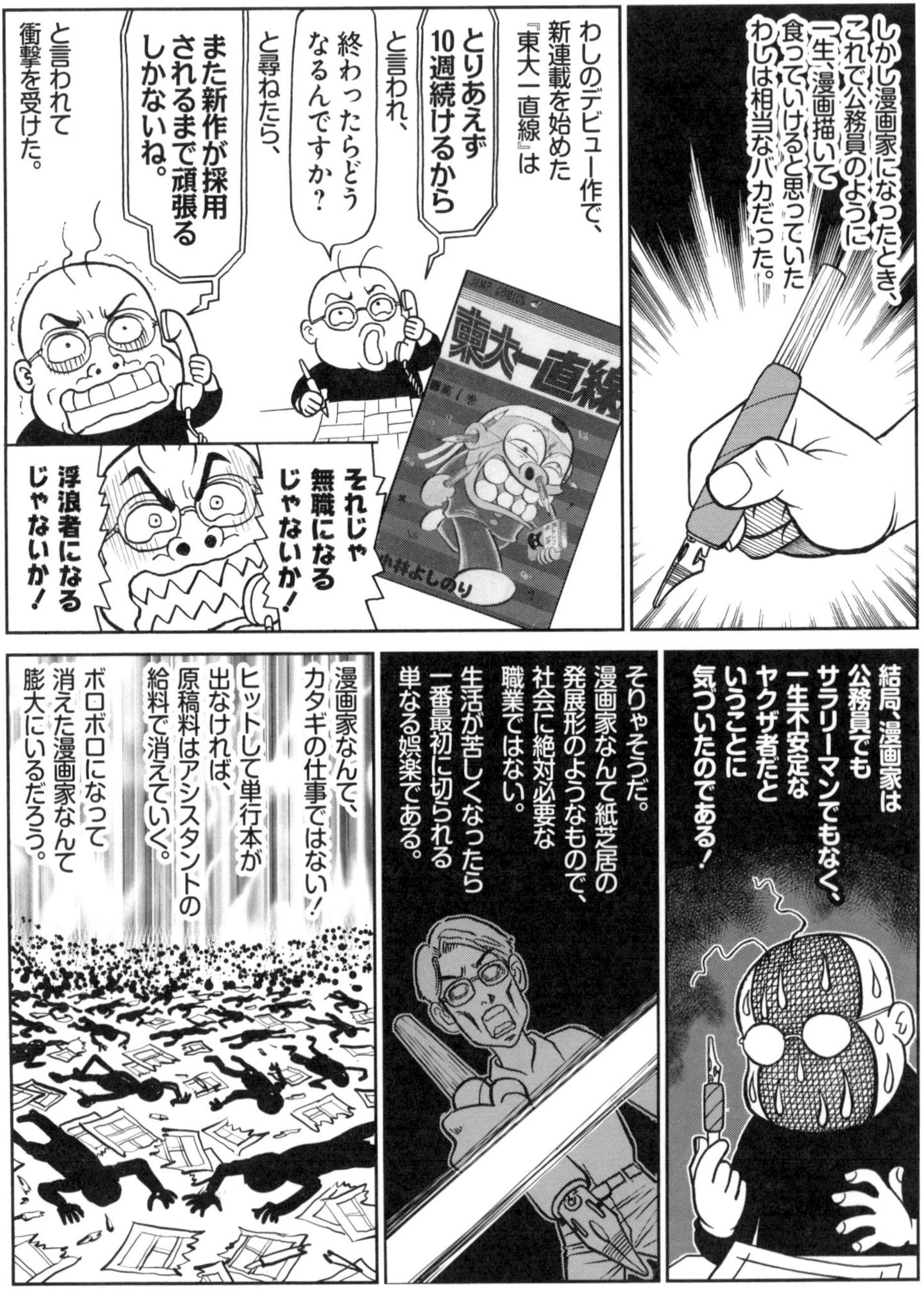
しかし漫画家になったとき、
これで公務員のように
一生、漫画描いて
食っていけると思っていた
わしは相当なバカだった。
わしのデビュー作で、
新連載を始めた
『東大一直線』は
とりあえず
10週続けるから
と言われ、
終わったらどう
なるんですか？
と尋ねたら、
また新作が採用
されるまで頑張る
しかないね。
と言われて
衝撃を受けた。
東大一直線
小林よしのり
それじゃ
無職になる
じゃないか！
浮浪者になる
じゃないか！
結局、漫画家は
公務員でも
サラリーマンでもなく、
一生不安定な
ヤクザ者だと
いうことに
気づいたのである！
そりゃそうだ。
漫画家なんて紙芝居の
発展形のようなもので、
社会に絶対必要な
職業ではない。
生活が苦しくなったら
一番最初に切られる
単なる娯楽である。
漫画家なんて、
カタギの仕事ではない！
ヒットして単行本が
出なければ、
原稿料はアシスタントの
給料で消えていく。
ボロボロになって
消えた漫画家なんて
膨大にいるだろう。

ただし、漫画家には「枕営業」がない。
セックスをエサにして連載は獲得できないし、人気投票も上位をとれないからな。
芸能人はうらやましい。いざとなればカラダも使えるし、大物になれば遊ぶだけの女も、子分が調達してくれる。
だが芸能人だって、明日の運命はわからない。人気稼業だから、明日には飽きられて捨てられるかもしれない。わしと同様にヤクザ稼業なのだ。
そんな稼業には、光もあれば、闇もある。
芸能界は光が強烈なだけ、闇も深いかもしれない。
そんな芸能界に「人権」のスポットライトを隅々まで当てたら、品行方正で、偽善的な芸能人ばかりになってしまう。そんなものが面白いか？

芸能界は異形の者たちの晴れ舞台でいいのではないか？
もう一度言う。「人権」のスポットライトで人間の闇を法を無視してでも、隅々まで照らし出すのは善なのか？面白きことなのか？
ごーまんかましてよかですか？
日本人の倫理基準は一神教の「人権」であってはならない。
祖先たちが醸成した長い長い「歴史の智慧」に学んで、原理主義をつくらず、漸進的に刷新していかねばならないのだ！

あとがき

繰り返すが、一番大事なのは、「人権」というものは国ごとに違うということだ。これが、特にキリスト教文化圏の国民には理解ができない。

キリスト教文化圏では「ヒューマニズム＝人間中心主義」による人権ができ上がっていて、それが原理主義にまでなってしまっている。

一神教は他の神の存在を決して認めないから、原理主義になるのは当然ともいえるのだが、原理主義は非常に危険なものである。

キリスト教原理主義者は、キリスト教国以外の国ごとの歴史観の違いや、文化の違いというものを一切認められない。キリスト教文化とは異なる価値観に出くわすと、自動的にそれは「誤ったもの」「野蛮なもの」にしか見えず、キリスト教的価値観に「矯正」してやらなければならないと考える。そして、その考えに疑いを持つことは決してないのだ。

こうしてキリスト教原理主義者たちが、キリスト教的価値観にそぐわない文化を破壊していった例は世界史上枚挙に暇がないが、彼らはそれを「誤った・野蛮な」文化を「矯正」してあげたものと思い込み、その文化破壊が「善意」の行為だとすら信じていたのである。

わしは特に「文化破壊」はあってはならないものと考えている。

だから「人権」を盾にジャニーズ文化がキャンセルされたときのように、「人権vs文化」という対立の構図がつくられた場合には、わしは迷わず文化のほうを選ぶ。

文化とは非常に大切なものである。文化はその国の歴史によって育まれるものであって、一朝一夕には育たない。一度破壊されたら復活するまでには非常に長い年月と努力を必要とするし、二度と復活できないことも珍しくはない。

文化は国ごとによって異なり、文化の豊饒さもその国によってまったく違う。

人工国家や独裁国家では、文化が育たない。いくら国策として計画を立てようが、独裁者が命令を下そうが育たない。それは歴史という土壌を無視するからである。

日本はキリスト教などの一神教とはまったく異なる、多神教の国である。

日本では「原理主義」が極めて成立しづらい。絶対神を持たないから、ある価値観を「唯一絶対」とするような感覚が育たず、相対主義の感覚が醸成されているのである。
だから日本は戦前、世界にファシズムの旋風が吹き荒れた時代に、積極的にファシズムを取り入れようとしたにもかかわらず、ついにドイツ、イタリアやソ連のような独裁国家にはならなかった。それが日本の独自性であり、日本の長所だといえる。
そして「絶対」を求めない価値観は、当然ながら天皇制に対する考え方にもつながってくる。自称保守派の「皇位継承者は男系男子絶対」なんて考えは、そもそも日本にはありえないのだ。

本書でぜひとも念を押しておくが、「人権」というものは国ごとに違う。人権に「絶対」はないし、グローバル・スタンダード（世界標準）もない。
イラク戦争の際にアメリカは、イスラム女性の全身を覆い隠す服装「ブルカ」を「人権侵害」として撤廃しようとしたが、完全に失敗し、今でも多くの地域でブルカは必要とされている。
また、アフリカには今でも女性の「割礼」を実施している国がある。わしも近代化されてしまった感覚があるから、その実態について聞いたりすると、そんな残酷な風習はなくすべきだと言いたくなるが、現地ではそれが歴史的に根付いた儀式として、今も必要とされていたりするのならば、眉をひそめて傍観するしかない。

それが文化というものだ。文化も永遠不変のものではないから、ブルカも女性の割礼も、時代と共に徐々に消えていくかもしれないが、それはあくまでもその国の人間が選ぶことである。よその国の人間がやってきて、勝手に野蛮だの残酷だのと決めつけて、一気にキャンセルしていいものではないのだ。

これからは、すべての文化を優劣で比べることなく、対等にその多様性を認めるべきとする「文化相対主義」の立場が重要視されていくことは間違いない。そうなれば、ジャニーズ・キャンセルの口火を切ったあのBBCの記者などは、他国の価値観を理解できず、ひたすら自国の文化、一神教の文化だけを絶対視していた「野蛮人」と評されることになるだろう。

実のところ、キャンセル・カルチャーの本家本元のアメリカでも、その行きすぎにウンザリという声は日に日に高まっている。

何をするにも「ポリコレ」を意識して、人種・信条・性別その他どのような面から見ても「人権侵害」と非難されないことだけに注力していった結果、表現の幅は狭まり、どんどんつまらなくなっていっているのだ。

そんななかで、令和6年（2024）3月にハリウッドで開催されるアカデミー賞には『ゴジラ－1・0』が視覚効果賞、宮崎駿の『君たちはどう生きるか』が長編アニメ映画賞、役所広司主演の日独合作『PERFECT DAYS』が国際長編映画賞と、それぞれの部門で日本映画が3作品もノミネートされた。

一つの価値観を絶対視する考え方が行き詰まり、アメリカが、そして世界が日本の文化の多様性を認めなければならなくなる時代が、今からやってくるだろう。

そういう多様性のある文化というものは、なかなかつくれるものじゃない。日本だからこそ、多様な神、多様な価値観が歴史の中で配合され、醸成され、長い長い時間をかけて独自の文化に発展してきたのである。

我われは日本の文化をもっと大切にしなければならない。そして、そのような文化を生んできた日本人とは何者なのかを、日本人自らがもっと知らなければならないのである。

令和6年1月29日

小林よしのり

参考文献

安藤優一郎監修『江戸文化から見る 男娼と男色の歴史』(カンゼン)
氏家幹人著『武士道とエロス』(講談社現代新書)
フリードリッヒ・S・クラウス著・安田一郎訳『日本人の性生活』(青土社)
柴山肇著『江戸男色考 悪所篇』(批評社)
柴山肇著『江戸男色考 色道篇』(批評社)
柴山肇著『江戸男色考 若衆篇』(批評社)
ゲイリー・P・リュープ著・藤田真理子訳『男色の日本史 なぜ世界有数の同性愛文化が栄えたのか』(作品社)
渡部信一郎著『江戸の色道 古川柳から覗く男色の世界』(新潮選書)

初出一覧

第1章　ジャニーズ記者会見の狂気『週刊SPA!』2023年10月24・31日号
第2章　キャンセル・カルチャーとは何か？『週刊SPA!』2023年11月7・14日合併号
第3章　ザビエルとBBC『週刊SPA!』2023年11月21日号
第4章　性犯罪者と性加害者は違う『週刊SPA!』2023年11月28日号
第5章　「当事者の会」への疑惑『週刊SPA!』2023年12月5・12日号
第6章　人権vs文化という構図『週刊SPA!』2023年12月19日号
第7章　〈証言〉を鵜呑みにして冤罪をつくる奴ら　2023年11月22日配信　小林よしのりライジングVol・486
第8章　偏見は大事である　2023年11月28日配信　小林よしのりライジング Vol・487
第9章　ジャニーズ問題：マスコミの〈検証〉　2023年11月7日配信　小林よしのりライジング Vol・485
第10章　ジャニーズ問題と日本の性文化『週刊SPA!』2023年12月26日号
第11章　日本人が少年愛を「大したことない」と思う理由『週刊SPA!』2024年1月2・9日号
第12章　芸能とは何なのか？（前編）『週刊SPA!』2024年1月16日・23日合併号
第13章　芸能とは何なのか？（後編）『週刊SPA!』2024年1月30日号
最終章　陰翳を消す「人権」の光　新規描き下ろし

ゴーマニズム宣言
SPECIAL
日本人論

【PROFILE】
小林よしのり KOBAYASHI YOSHINORI

1953年、福岡県生まれ。漫画家。大学在学中に『週刊少年ジャンプ』(集英社)にて『東大一直線』でデビュー。以降、『東大快進撃』(集英社)、『おぼっちゃまくん』(小学館)など数々のヒット作を世に送り出す。1992年、『週刊SPA!』(扶桑社)誌上で世界初の思想漫画『ゴーマニズム宣言』を連載開始。このスペシャル版として『差別論スペシャル』(解放出版社)、『戦争論』(幻冬舎)、『台湾論』『沖縄論』『天皇論』(いずれも小学館)などを次々と発表し大きな論争を巻き起こす。新しい試みとして、ニコニコ動画にてメルマガ『小林よしのりライジング』(まぐまぐ大賞2022)を配信。身を修め、現場で戦う覚悟をつくる公論の場として「ゴー宣道場」も主催する。現在、『週刊SPA!』で『ゴーマニズム宣言』を、『FLASH』(光文社)にて『夫婦の絆』を連載中。コロナ禍を描いた『ゴーマニズム宣言SPECIAL コロナ論』は、シリーズ累計27万部を突破するベストセラーとなった。新著に『ゴーマニズム宣言SPECIAL コロナ論 総括編 コロナと敗戦／失敗の本質』(扶桑社)など

発行日 2024年3月15日 初版第1刷発行

著者 小林よしのり
発行者 小池英彦
発行所 株式会社 扶桑社
〒105-8070
東京都港区海岸1-2-20 汐留ビルディング
電話 03-5843-8194[編集]
03-5843-8143[メールセンター]
http://www.fusosha.co.jp

印刷・製本 大日本印刷株式会社

定価はカバーに表示してあります。

Printed in Japan
ISBN978-4-594-09714-1